Walther Niedl
Pürschzeichen auf meiner Fährte

Walther Niedl

Pürschzeichen auf meiner Fährte

Begegnungen und Bekenntnisse eines Jägers

Mit 22 Zeichnungen des Autors

Verlag Paul Parey · Hamburg und Berlin

CIP-Kurztitelaufnahme der Deutschen Bibliothek

Niedl, Walther

Pürschzeichen auf meiner Fährte: Begegnungen u. Bekenntnisse e. Jägers / Walther Niedl. Mit 22 Zeichn. d. Autors. – Hamburg, Berlin: Parey, 1978.
ISBN 3-490-19811-5

 Printed in Germany by Wilhelm Carstens OHG, Schneverdingen.
Umschlag- und Einbandgestaltung: Jan Buchholz und Reni Hinsch, Hamburg.
ISBN 3-490-19811-5

Vorwort

Nur was zwischen den Stangen, Kronen und Krucken an der Wand hängt, die Erinnerung an das Geschehen, an Begegnungen, an das Glück der Stunde, an des Hundes große Leistung, eben an all das, was dahinter steht, das ist der Wert der Trophäe, des Jagens Feingoldgehalt ...

Jenseits des Strebens nach der Beute, abseits von Kimme und Korn, warten auf jeden, der da jagen, nicht nur erlegen will, Kostbarkeiten, Erfahrungen und Erkenntnisse, die kein anderes Tun zu schenken vermag.

„Gott sitzt im Detail". So sind die Episoden zu verstehen, die ich in bunter Folge und wahllosem Wechsel der Szene schildere. Ein Jägerleben in Auszügen, die bei aller Vielfalt eines gemeinsam haben: die hintergründige Ausdeutbarkeit, das Lehrbeispiel ohne Direktanspruch, da und dort Anlaß zu vergleichen, nachzudenken und schließlich ernsthaft oder schmunzelnd zu bestätigen.

Das Angebot einer Wanderung durch kleine Teilbezirke der „pädagogischen Provinz Jagd" möchte dieses Buch bringen. Nicht mehr – aber auch nicht weniger.

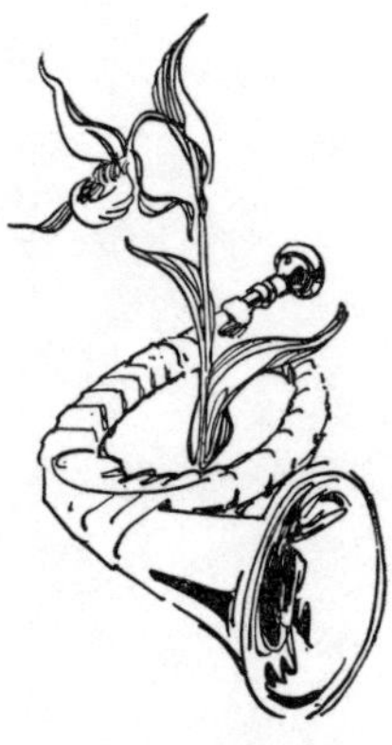

Jagen in unserer Zeit heißt:
wurzeln im Gestern,
stehen im Heute,
fechten für Morgen!

Inhalt

Satt und freudlos?

Es war bei der Jägerprüfung. Sie kommen und zeigen, was sie gelernt haben, forschen gespannt in den Mienen der Prüfenden und passieren die Stationen des Leidensweges der Jägerprüfung. Bauernburschen und Pensionisten, Handwerker und Soldaten, Arbeiter und Doktoren, Landtagsabgeordnete und Studenten. Gewandte und Unbeholfene, Schlitzohren und Harmlose, Spekulanten und Primitive. Jagdbeflissene mit offenem Auge und offenem Herzen, aber auch andere, solche, denen es nicht so sehr um den Inhalt des Jagens geht — mehr um die Verpackung.

Sie kommen und gehen —, an die dreißig am Tage passieren meinen Tisch, an dem ich feststellen soll, ob sie etwas wissen von den Jagdarten, vom Versorgen gestreckten Wildes, vom Abbalgen eines Fuchses, von Bruchzeichen, Fallen, Schnitthaar, Schweiß und Losungen, kurz von all dem, was man unter „jagdlicher Praxis" versteht. Man versucht dabei — mit größerem oder geringerem Erfolg — hinter die Stirn zu sehen und ein wenig von der Qualität des Mannes zu erforschen, der da Jäger werden will. „Danke, meine Herren, bitte durchwechseln", ist dann der Abschluß dieser „Wissensforschung", wenn die Glocke des Vorsitzenden anzeigt, daß das „Fließband" zur nächsten Station weiterrückt.

Da sitzt mir nun wieder einer gegenüber, ein junger Bursch mit erwartungsvollen Augen in einem gestrafften, bänglichen Gesicht: „Nehmen wir mal an, Sie haben nach bestandener Jägerprüfung bei ihrem Freund einen Rehbock frei, den Sie sich erpürschen wollen. Sie schieben sich leise aus der Dickung und erblicken auf fünfzig Gänge Ihren Bock: genau der ist es, den Ihnen Ihr Freund vor ein paar Tagen vom Wagen aus gezeigt hatte, und Sie fahren hoch. Im Knall merken Sie, daß der Bock zeichnet und mit einer tiefen Flucht, immer langsamer werdend, das nahe Altholz annimmt. Was werden Sie nun, gleich nach dem Schuß, alles tun?"

Gespannt ist der Prüfling meiner Situationsschilderung gefolgt, und ich erwarte nun ein Langes und Breites über Standplatz verbrechen oder markieren, Zigarettenpause, Anschuß prüfen. Was kommt, ist überraschend. Es steht in keinem „Krebs“ und „Nüßlein“, auch im Dombrovski nicht und nirgendwo, und trotzdem ist es das Salz der Jägerei ... Ein wenig druckst er herum und überlegt, dann hat er sich offenbar entschlossen und bekennt: „Zuerst, ja, zuerst nach diesem Schuß, na ja, zuerst da – da *freu'* ich mich einmal!“

Ich hätte dem Burschen am liebsten begeistert eine ins Kreuz gehauen. Hat er mir doch meinen ganzen schönen, dramatischen Vorspann geschmissen und mir, dem Prüfenden, eine prächtige Lehre erteilt. Natürlich schmunzelte ich beherrscht, wie sich dies für ein Mitglied der Prüfungskommission gehört, und deutete wohlwollend an, daß mir seine Reaktion zwar sympathisch und verständlich sei, daß sie ihn aber nicht von der exakten Beantwortung meiner Frage entbinde. Er ist sie mir nicht schuldig geblieben, und schließlich gehörte er dann auch zu jenen fünfzig Prozent, denen man guten Gewissens die Berechtigung zur Jagdausübung erteilen kann.

Das kleine Ereignis außerhalb der Reihe üblicher Fragen und Antworten ging mir aber im Kopf herum, als ich am Abend hinterm Steuer saß und heimwärts rollte. Wo ist sie denn wirklich geblieben, diese *Freude* am Erfolg, dieser Jubel über den guten Schuß, dieses Glück in Anblick des ersehnten und ermühten Wildes, dieser Purzelbaum des Herzens, wenn der Krumme mit steilen Löffeln genau auf den Stand zustiebt und mit dem letzten Satz seines gefährlichen Lebens in die Schrotgarbe springt?

Ist es nicht allmählich unfein geworden, der urwüchsigen, harmlosen Freude am Erfolg Ausdruck zu geben? Müht sich nicht vielmehr jeder, die Blasiertheit des satten Routiniers an den Tag zu legen, da man mit solcher Verhaltensweise gut und gern als im Pulverdampf geschwärzter Nimrod gelten mag? Ist es nicht schick und angebracht, beim Legen der Zwischenstrecke dem Jagdherrn so nebenbei zu melden, daß man drei Hasen erlegt hat, wo einem doch zu Mute wäre, einfach loszulachen und von weitem schon zu rufen: „Mensch, Franz! Denk dir, was für einen Anlauf! *Drei*

Hasen an einem Stand, und alle drei sind gefallen!“ Ja, so ist das, und es scheint mir symptomatisch für den Jagdbetrieb vielerorts, daß man mit ernster, leicht gelangweilter Miene den Abschuß erfüllt, statt mit heißem Herzen, lachend, und mitunter wohl auch fluchend, zu jagen.

Ist das nur unter den Grünröcken und Hubertusjüngern so? Beileibe nicht. Überall in unserer Gesellschaft, aber beim Jäger fällt es am meisten auf, weil man's bei ihm am wenigsten erwartet.

Es ist eine freudlose Gasse, in der wir wohnen, wir Bürger des Wohlstandsstaates. Sie ist nicht etwa schmal und finster und verdreckt, nein, wahrhaftig nicht. Breit ist sie und sonnig und mit reichen Gärten umsäumt, aber man hat uns weisgemacht, daß zwischen den Pflastersteinen da und dort Goldstücke stecken, die nur die „Gründlichen“ des Lebens zu finden vermöchten, die mit tierischem Ernst und umwölkter Stirn den Spaß an der Freude verleugnen. Die Zahl derer, die darum nicht mehr sehen, wie schön er ist, dieser Garten unserer Welt, wird immer größer. Auch die Jäger, leider auch diese, die doch dem gewachsenen Boden am nächsten sind, gehen vielfach mit krummem Rücken unberührt von all dem Schöpfungsjubel drum herum und starren auf die Pflastersteine.

Es kann nicht jeder Jagdherr sein, nicht jeder, der die gesetzlichen Voraussetzungen zum Revierherrn erfüllt, das war immer schon so, und so ist's auch heute. Und das ist gut, denn in dieser Gegebenheit liegt ein unermeßlicher Bereich des Gebens und Nehmens, des Schenkens und Dankens, des Freudegebens und Freudebekundens. Wo gibt es noch ähnliche Möglichkeiten in unserer modernen Gesellschaftsordnung, die es dem Bürger, dem Menschen erlaubt, spontan zu geben und selbstverständlich zu empfangen und das ohne die alle Freude des Gebens tötende Floskel: „Ich werde mich bei passender Gelegenheit revanchieren!" Nirgendwo mehr wird heute so viel Takt und Herzensbildung als Grundausstattung eines Berufes (Beruf ist, was mich ruft!) vorausgesetzt, wie bei der Zunft der Jäger, lebt doch das Waidwerk geradezu vom Geben und Nehmen, vom freimütigen Gönnen und heiteren, unbeschwerten Annehmen.

Das Salz der Jägerei ist die *Freude*, wir werden und wir wollen uns nicht an die salzlose Kost einer auf Zweckmäßigkeit abgestellten Jagdwirtschaft gewöhnen und nie vergessen, daß diese Jägerei einen breiten Raum bietet für das Spiel menschlicher Größe und menschlichen Versagens, jauchzender Freude und bitteren Verschweigens, nie aber, *niemals* soll dabei dem minderwertig Lauen, dem spekulativen Zynismus, dem satten Rülpsen eines freudlos Überfressenen Raum gegeben sein.

Wenn wir alle, die wir mit dem Herzen — nicht nur mit Pulver und Blei — jagen, eine Erziehung und wo nötig Reinigung in diesem Sinne fördern, handeln wir direkt im Auftrag dessen, der uns als Leitbild alle Jahre im Herbst vorgehalten wird, im Namen sancti Huberti, dem als ritterlichem Bischof aus edlem Hause der Psalm 111/2 gewiß geläufig war, der da heißt:
„Groß sind die Werke des Herrn,
wer ihrer achtet, der hat eitel Freude daran . . ."
hat *Freude* daran!

Führen ist seliger denn Schießen

Zur Zeit, da man als Schulbub das erste Mal mit dem Heilandswort Bekanntschaft machte und einfach glauben sollte, daß Geben seliger sei denn Nehmen, da nahm man das eben hin als eine jener Unbegreiflichkeiten, deren es in einem Schulbubenleben mehr gibt, als so ein „Menschenfrischling" mächtig und auch willens ist, hinzunehmen und zu glauben. Jäger bleiben länger Buben als andere Mitbürger, und ein schlohweißer Schopf, der unter einer verwitterten, schweißverpichten Hutkrempe hervorlugt, ist meist weitaus jünger als der wohlgepflegte, nußbraune Scheitel eines wohltemperierten Adepten der Wirtschafts- und Wohlstandskunst. Und weil wir Waldläufer und Reviervåter eben länger brauchen, um unseren Bubenhosen zu entwachsen, und weil Sitzen und Frieren und Pürschen und Steigen und Kriechen mit Ameisen hinterm Hemdkragen und Stillestehen, Hände, Gesicht und Waden vernagelt von Schnaken und Bremsenbissen, weil alles das getan, geduldet, ermüht und erschwitzt wird, um dem gesuchten, erhofften und endlich erspähten und überlisteten Wild das heiße Blei ins Leben zu stechen, darum begreifen wir Jäger wohl meist später als andere bibelfeste und praktizierende Christen, daß ein Verzicht auf den Schuß, dem Freunde zuliebe, ein größeres Glück sein kann als der einsame Triumph am selbstgestreckten Stück, das mit dem letzten zitternden Herzschlag einen Punkt setzt hinter eine herrliche, reiche und lebenswerte Episode. Und grad' dieses Hin und Her des „weißt du noch!" – „und dann, wie's auf einmal genau verkehrt gegangen ist und ..." dieses einander Anstrahlen und Zulachen und Nachhelfen in der Erinnerung, das fehlt dem, der einsam jagt und allein den Erfolg im Rucksack heimträgt. Dessen einzige Zwiesprache bleibt beschränkt, dann und wann und selten genug, mit der Krucke, mit dem Geweih, mit dem Gehörn oder dem maskenhaft verstaubt und ewig balzenden Spielhahn an der Wand.

Und noch eines kommt dazu und ist für mich Maßstab des Glückes, das mich immer öfter dazu veranlaßt, die Ernte in meinem kleinen Revier einem Freund oder einem anständigen, frischen Jungen zu überlassen. Dieses Mehr, das mir die Jagdbegleitung so wertvoll macht und mich mindestens so reich beschenkt, wie der eigene schweißrote Bruch am Hut, ist der Umstand, daß ich tatsächlich *mehr* davon habe! Ich brauche nicht an freies Schußfeld zu denken, nicht an die rechte Stellung, nicht an die hundert Fragwürdigkeiten, die alle ihre Köpfe heben im Augenblick, da man sich zum Schuß entschließt. Ich bin dabei, aber nicht drin im Geschehen, und darum sehe ich auch mehr und habe mehr davon.

Wenn nun einer das Buch zuklappt und sagt: „Bisserl spinnen, laß ich mir gefallen, aber jetzt langt's!", dann verstehe ich ihn durchaus, denn vor zwanzig Jahren wäre meine Reaktion die gleiche gewesen. Deshalb ist die Wahrheit dieser Zeilen nicht weniger wahr, deren Gültigkeit prägen die Jahre.

Warum dieser Vorspann? Einfach deshalb, weil immer wieder in der Jagdpresse Erzählungen veröffentlicht werden, in denen einer für seinen Begleiter oder Freund auf einen Schuß verzichtet und dann behauptet, daß seine Freude mindestens so groß, vielleicht größer war als die des Erlegers! Ich möchte für alle jene, die dies irgendwann gesagt oder geschrieben haben oder noch schreiben werden, hier den Versuch einer Erklärung unternehmen, um ein- für allemal darzutun, daß jene, die solches sagen oder schreiben, ehrlich sind und sich mit solcher Behauptung nicht etwa, ergriffen von eigener Selbstlosigkeit, in Verehrung Kerzen vor dem eigenen Bild entzünden. Damit darf ich nun eine anspruchslose Geschichte beginnen, wie ein Oberpfälzer Auerhahn eines Eidgenossen Beute wurde.

Es war vor einigen Jahren, da saß ich in Bern im Kreise einiger Freunde in voller Deckung hinter einem guten Krug, und die Rede ging über Schützen und Schießen, über Bergjagd und Patentsystem und über vieles mehr, das nun einmal aufs Tapet kommt, wenn Jagdfreunde an einem Tisch zusammenrücken. Da meinte ich so nebenbei zu meinem Waidgesellen Kurt: „Ich möchte dir so gern mal eine richtige Freude machen, dich zu mir einladen, aber was kann ich mit meinem kleinen Föhren- und Heidekrautrevier einem

Schweizer Jäger schon bieten, der Gams und Hirsch und Rehwild hat, wie er es mag, und außerdem im Urlaub irgendwo tief in Afrika Springböcke und Krokodile schießen kann? Was hast du eigentlich noch nicht bejagt?“ Da meinte er: „Weißt du, von deiner Übertreibung abgesehen, aber ich habe noch nie einen Auerhahn in freier Wildbahn gesehen, geschweige denn erlegt, denn bei uns, in der Schweiz, ist die Jagd auf den Großen Hahn ja untersagt!“

Damit war für mich die Gelegenheit gegeben. In meinem kleinen Revier, überwiegend mit minderwertiger Föhre bestockt und mit Proßholz und Beerkräutern reichlich bestellt, balzen jährlich acht Große Hahnen, zuverlässig und ohne große Mühe anzuspringen. Vorschlag, freudige Zusage und unwiderruflicher Termin für die erste Maiwoche des kommenden Jahres.

Es kam der Mai, und es kam der Wagen mit Berner Nummer und Inhalt, als da waren: Mein Freund Kurt, dann Max, ein zweiter lieber Waldläufer aus der Schweiz, der weniger mit Pulver und Blei als mit Kamera, Teleobjektiv und Elektronenblitz, mit Tonbandgerät und viel Geduld sich des Waidwerks mühsamerer Schwester, der Kamerajagd, verschrieben hat. Dann entquollen dem Kofferraum noch Stativ und Büchse und Patronenkasten und Konserven und Decken und – ach, was weiß ich heute noch alles. Eines aber weiß ich noch besonders gut: Eine lange Reihe verstaubter Flaschen mit verschimmeltem Etikett.

Nach dem Abebben der ersten Wiedersehensfreude und einem bewaffneten Spaziergang zur allgemeinen Orientierung im Revier saßen wir bei einem kühlen Kasten jenes herbfrischen Göttertrankes, dessentwegen einmal einer in der biblischen Zeit seine Erstgeburt verkauft hat (das mit dem Linsengericht ist bestimmt ein böswilliger norddeutscher Schwindel!), schnitten grobe Scheiben von einem Pressack, stachen dazwischen in feine Scheiben von Berner Fleisch, langten auch mal anstandshalber zum Brot und würzten alles in allem mit munteren Sprüchen, gescheiten Reden, kühnen Plänen, Meditationen über das Wetter im allgemeinen und die Balzgewohnheiten im besonderen und gingen dann endlich, nach einem tiefsinnigen Blick in den verhangenen Nachthimmel mit seinem Migränemond, der sich wie ein miesepetriger Zecher einen milchigen Hof um den Kopf gewunden hatte, ins Lager.

„Multae sunt causae dubiosae felicitatis venandi“, heißt ganz frei übersetzt: „Seit Jahren such' ich den Jäger mit Fleiß, der für den Fall, daß was schiefgeht, keine Ausrede weiß!“ Na, da ist dieser laue Wind aus SW, ja, und die Eisenbahn hört man so weit, und die Schwalben fliegen so niedrig, und den Rauch drückt's tief über die Hüttenwiese herunter, und dann zogen wir zu dritt im individuellen Rhythmus die Hobelzahnsägen durch die imaginären Fichten sechster Klasse, bis uns der Wecker um halb drei Uhr aus dem Lager stieß. Das Gesicht noch „mit Schlaf verschmiert“, galten der erste Gang und Blick dem Wetter. Windstille, Waschküchentemperatur, und sonst das geheimnisvolle Raunen des schlafenden Waldes, der die Hüttenwiese in weitem Bogen umschließt. Nur der Hüttenbrunnen plätscherte im gleichen Ton, verhalten und beständig, nicht störend, sondern ein Teil des Raunens der Nacht im Wald, das ich immer als Atmen der Erde empfinde und heute noch mit Scheu zu stören vermeide.

Es war nicht gerade das Hahnenwetter, wie man es mitunter als bunte Beilagen in unseren Jagdzeitschriften dargestellt sehen kann. Diese Treibhausluft war alles andere als erfolgversprechend, aber ich habe zu viele Waldläuferjahre hinter mich gebracht, als daß ich mir in jagdlichen Dingen eine vertretbare Prognose zu *sagen* traute. Was ich mir freilich *dachte,* das grenzte an jagdlichen „Defätismus“.

Jedenfalls markierte ich gekonnt und mit Erfolg souveräne Sicherheit, und nach dem bekannten abgekürzten, besonders in Jagdhütten gebräuchlichen Verfahren: „Kosmetik verdirbt die Wittrung“, waren wir drei bald gerüstet. Kurt, auf den es ankam, hatte meine Bockbüchsflinte geschultert, die wir deshalb wählten, weil ihr variables Zielfernrohr außer dem Zielstachel auch noch ein ringförmiges Absehen hat, das die Schrotgarbe auf 35 m umzirkelt und damit in der Dämmerung, selbst bei verschwommenem Ziel, einen guten Schuß ermöglicht. Max, der flinkere Augen hat als ein Fuchs und einen Humor, der so trocken ist, daß man unbedingt Durst darauf bekommt, begleitete uns als Fotoreporter, und ich stand vor der schwierigen Aufgabe, mein Versprechen einzulösen. An sich war die Aufgabe durchaus nicht so schwierig, denn ich zähle in meinem Revier ausreichend sichere Hahnen, um einen

Erfolg in Aussicht zu stellen, aber hier handelt es sich darum, zu *dritt* einen Hahn anzuspringen, ein Geschäft, bei dem man allein mitunter „zu viel" ist. Außerdem war dies meines Freundes Kurt erste Hahnenbalz, und schließlich das Wetter – wenn ich ein Hahn gewesen wäre, ich hätte verschwiegen.

Solche und ähnliche Gedanken drehte ich hin und her hinter meiner gesenkten Stirn, da ich vorneweg den Pürschpfad mehr ertastend denn sehend, dem Platz zustrebte, der am Rande einer Schonung an guten Tagen die Möglichkeit bietet, mit Sicherheit drei Hahnen in einem Umkreis von 400 Metern balzen zu hören.

Wir waren da. Der eine lehnte am Stamm eines Föhrenüberhälters, der andere hockte auf einem morschen Stock und verschmolz mit dem Schwarz der hochstrebenden Dickung. Ich hatte mich auf mein „drittes Bein" abgestützt, den Bergstock, den ich nie missen mag, wenn es darum geht, lange, lautlos und schweigend zu stehen und dann durch das dürre Unterholz einen balzenden Hahn anzuspringen.

Wir schwiegen und lauschten erstarrt und voll der Hoffnung auf jenen ersten „Tropfen", der in das silberne Becken der frühen Morgenblinke fällt und das Minnelied des hohen Herrn eröffnet, ein Lied, das in seiner vornehmen Zurückhaltung, in seinem geheimnisvollen Ritual rührend ist, unvergleichbar und immer wieder packend.

Es fiel kein „Tropfen", nichts unterbrach des schlafenden Waldes Ruhe und die erwartungsvolle Stille, die nur jener halben Stunde eigen ist, da die schwindende Nacht dem jungen Tag Raum gibt. Im Osten standen allmählich die Kronen des Altholzes härter gegen den samtschwarzen Himmel, weil im Vorlicht des Morgens, kaum daß man es gewahr wurde, ein erstes Dämmern am Horizont emporstieg.

Da – ganz fein und schüchtern, ein erstes Regen, ein erster Laut. Eine Meise war wach geworden. Eine zweite antwortete mit zaghafter Stimme. Eine Amsel zeterte auf und konnte sich nicht beruhigen, vielleicht vom Fuchs aufgeschreckt, vielleicht auch nur von einem der wenigen Waldhasen gestört, der aus dem dicken Unterholz zum Wegrand rückte, um dort vom ersten Klee zu frühstücken. Ruckweise wurde es heller, und unbekümmerter wurde das

Geschlüpfe in den Zweigen, das Geflüster, Gezirpe, Gezwitscher, bis der erste klare Finkenschlag emporschmetterte in den silbernen Morgen und uns von weither über die grünen Wogen der Baumkronen der Kuckuck seinen Namen zurief, immer wieder und wieder.

Kurt blickte mich fragend an und machte dabei ein Gesicht, als erwarte er von mir nun ein Wunder. „Hascht du nicht immer gesagt, daß es aus ist mit der Balz, wenn die Vögel anfangen zu singen?" raunte er mir zu, und mir blieb nichts anderes übrig, als ihm nickend recht zu geben. Trotzdem, welcher Jäger hofft nicht bis zur Grenze des Unmöglichen? Ich stand da, die Augen geschlossen und mit offenem Mund, womit man bekanntlich das Hörvermögen steigern kann. Ich versuchte aus dem Gejubel und Geschwätz rings um uns in den Bäumen jenen einzigen, ersehnten Laut herauszufinden, der uns aus der Erstarrung erlösen und lebendig machen sollte. Ein Tauber hatte sich eingemischt, ein zweiter antwortete. Ein Buntspecht übte auf seinem Xylophon, und vom Forsthaus jenseits des Waldes meldete sich der Herr der Hühnerschar.

Da, mit einem Male, endlich! Ganz weit, ganz fein, vernehmbar nur für ein Ohr, das auf dieses ganz bestimmte, ganz besondere Klöpfen abgestimmt ist, balzte ein Hahn. Ich kannte den Platz, ich wußte genau wo, aber bis dorthin waren es gute 400 Meter schwieriges Anpürschen und Anspringen, wenn nicht gar eine Henne vorher dem Freier eine Warnung zurief. Das war die eine Schwierigkeit. Die andere, nicht minder große, war die, nun meinem Freund aus der Vielfalt der Geräusche und Stimmen dieses feine, ferne Tropfen und Schleifen kenntlich zu machen, damit er mit Anspringen und Warten genauso funktionieren konnte, wie wir das am Abend vorher fleißig geübt hatten, wobei ich die Rolle des Hahnes und Jagdbegleiters zugleich übernommen hatte.

„Kurt, hörst du ihn? Ein Hahn!" Im Gesicht meines Freundes sammelte sich die ganze Kraft, die er entbehren konnte, und mobilisierte das Gehör — vergebens. Verzagt blickte er mich an und schüttelte den Kopf. Ich nahm seinen Arm, und bei jedem Knappen und Hauptschlag drückte ich ihm den Rhythmus in die Haut — vergeblich. „Los, wir müssen näher ran. Paßt auf, ihr beiden, und muckt mir nicht nach, wenn ich stehenbleibe!" In langen Schritten ging es eine Schneise entlang, über eine Waldstraße, über einen

Graben. Immer wieder verhielt ich kurz, der Hahn balzte wie aufgezogen; und Schlag auf Schlag mit kurzem Zwischenzählen bot er uns ein leichtes Näherkommen.

Endlich hatten auch meine beiden Begleiter begriffen, was ich schon längst als Balz erkannt hatte, und nun ging es leichter. Begeistert und in freudiger Spannung tanzten sie mir nach; ich freilich wurde nun langsamer und bedenklicher und blieb schließlich stehen. Der Hahn balzte in höchster Ekstase, Hauptschlag nach Hauptschlag, die „Sektpfropfen" knallten nur so in den milchblauen Morgenhimmel. Ich wußte nun genau, wo er sein selbstvergessenes Liebeslied nach strengem Maß und Gesetz, wie es sich für einen edlen hohen Herrn geziemt, vernehmen ließ. Ich wußte es genau, ich kannte die alte, knorrige Fohre mit dem Mistelbesen in der Astgabel und den schwarzen Fladen Balzpech im Heidekraut rings um den drehwüchsigen Stamm. Ich wußte es genau, wo wir den alten Barden in seiner ganzen Pracht bequem hätten anspringen und auch erlegen können, da drüben an der Linie, noch fünfzig Schritte, aber davon zehn Schritt jenseits der Jagdgrenze!

Als meine Begleiter begriffen hatten, warum ich nun nicht mehr weiterstrebte, waren sie, zur Ehre des Freundes mit der Büchse sei es gesagt, nicht annähernd so verbiestert wie ich. Der balzende Hahn machte ihnen solchen Spaß, daß sie stehenbleiben wollten, um diese ihnen neue und in seiner Art so urwüchsige und zauberhafte Liebeserklärung anzuhören. Da riß es mich herum und auch die beiden anderen, denn diesmal war es einfach nicht zu überhören, daß hinter uns, nicht allzuweit, ein zweiter Hahn zu zählen begann und immer besser in Fahrt kam. Also zurück. Ein moosiges Gestell entlang, am Rande einer Gruppe alter Aspen, mit dem Ziel, eine Altbuche zu erreichen, in deren Krone ich den Hahn vermutete.

Nun sind ja Aspen, insonderheit wenn sie alt sind, unter den Bäumen so etwas wie die Eichelhäher unter den Vögeln. Da fällt nämlich da und dort so ein dürrer Ast zu Boden, verschlieft im Gras, und tritt man darauf, dann gibt es einen richtigen Knall, und die Pürsch ist im Eimer. Alte Waldläufer wissen das, und ich pflege Aspen und Traubenkirschen aus diesem Grunde vorsichtig auszuweichen, wenn ich lautlos bleiben will. Ich tastete mit dem Bergstock voraus, federte von Moospolster zu Moospolster, von Wurzel zu Wurzel und ahnte hinter mir als Schemen, meine Akrobatik nachahmend, die Begleiter. Da knallte es! Max, der Unglücksrabe, war der „Kanonier". Ich fuhr herum – und polternd und klatschend ritt er ab, der Hahn aus der Krone der Altbuche. Die schmückenden Beiwörter, die mir dann quer aus dem Munde fielen, wurden von beiden Schwyzern auf Anhieb verstanden, obwohl sie dem Sprachschatz niederbayerischer Obergefreiter entnommen waren.

Jetzt war es aus. Die Sonne hatte derweil bereits die Baumwipfel erreicht, das Vogelkonzert begann leiser zu werden, weil man mit vollem Schnabel eben nicht so laut singen kann, und alle die munteren Musikanten beim Frühstück waren.

„Jetzt hat es keinen Sinn mehr", meinte ich. „Wir gehen heim zur Hütte, genehmigen uns einen Trostschluck und erfüllen unser Soll an Schlaf, vielleicht klappt es morgen!" Sprach's, klemmte den Bergstock unter den Arm, schob beide Fäuste in die Hosentaschen und stapfte los. Hinter mir meine beiden Trabanten, etwas belämmert, etwas müde. Äste knackten, zertretene Kiefernzapfen knallten, krächzend räusperte ich mir den Zorn von der Leber und spuckte einem erschrockenen Grasfrosch hart vor die Nase, sprang schließlich über den Graben auf die Waldstraße, um den kürzesten Weg zur Hütte einzuschlagen – und blieb mitten auf der Fahrbahn stehend, erstarrt und beschwörend die Hände erhoben: Da balzte ein Hahn! Klar und wie nach Fuschelbergers Hahnenbuch klöpfte er sich ein, zaghaft zuerst, dann schneller werdend, bis Hauptschlag und Schleifen die eine Strophe beendeten, um die nächste einzuleiten!

Genau dort, wo wir vor Tag und Dämmer den Hahn zu hören erhofften und uns vom Gesang jenseits der Grenze fortlocken ließen, im kümmerlichen Fohrengestämm, einem schlechten Kiefernaltholz mit eingeklemmten Fichtenbesen, dort balzte er.

Jetzt galt's! Es mußte nun schnell und exakt gehen, sollten wir unser Waidmannsheil wirklich erzwingen und Hubertus zum Einsehen bewegen: „Max, du bleibst da und rührst dich nicht, bis es knallt oder du den Hahn abreiten hörst – und uns fluchen! Jetzt sind wir zu dritt zuviel! Du, Kurt, springst mir nach, genau nach meinem Vorbild und genau in meine Tritte, und wenn der Hahn verschweigt, dann wirst du zu Stein und rührst dich nicht, und wenn du in einem Ameisenhaufen stehen solltest!“

Dann ging's los. Drei Sprünge zuerst, dann nur zwei und zwei und Pause und zwei und einen – und dann verschwieg der närrische Minnesänger. Ich stand auf einem Bein, zum Glück noch auf den Bergstock gestützt, Kurt, der arme Kerl (ich konnte es aus dem Augenwinkel merken), stand da, als hätte ihn mitten in der Kür beim Eiskunstlauf jener biblische Fluch getroffen, der Lots Weib zur Salzsäule verwandelt hatte.

Wer weiß, wie lange da eine Minute werden kann, der kann nachfühlen, was wir durchstehen mußten, bis endlich nach geraumer Zeit der erste „Tropfen“ des zaghaft beginnenden Balzgesanges aus einer der filzigen Baumkronen vor uns die bange Pause zerbrach. Erst als sich der Hahn wieder richtig eingespielt hatte, wagte ich den nächsten Sprung und noch einen und weiter. Doch zum Teufel, wo war der Hahn? Ganz nah mußte er doch sein, ganz nah! Vor uns? Rechts? Da drüben? Ich stand ratlos und wußte nimmer, wo ich den Hahn suchen sollte. Hinter mir stand mein guter Kurt und betrachtete mich mit einem Blick, dem die Frage nach meinem Geisteszustand allzu deutlich anzumerken war. Da nahm ich beim nächsten Hauptschlag meinen Hut ab, und nun wußte ich, wo der Hahn balzte: genau über mir! Ich stand am Stamm einer lausigen Grubenholzkiefer, in deren platter Krone sich ein dunkler Batzen vom Himmel abhob, und beim Schleifen konnte ich den zitternden Balzkragen erkennen. Vorsichtig deutete ich nach oben.

Kurt setzte sich beim nächsten Hauptschlag geschickt ab und tanzte ein paar Schritte zurück, bis er endlich stehenblieb und langsam die Bocksbüchse hob. Jetzt war er im Anschlag. Der Hahn verschwieg. Sanktus Hubertus! Ich sah, wie der Hahn einen langen Stingel machte, er wurde schmal und faltete den Stoß zusammen. Dürre Nadeln rieselten mir ins Gesicht. Ich sah, wie er umtrat auf seinem Ast. Jetzt, mitten im Knall und im Regen dürren Genadels, polterte er ab, talwärts durchs raume Gehölz. Der klatschende Schlag einer Schwinge gegen Astwerk, in taumelnder Flucht gestreift . . . dann Stille – und schließlich ein leiser aber unverkennbarer Laut: der Sturz, der Aufschlag. „Er liegt!“, aber diese meine zuversichtliche Feststellung vermochte nicht, die staunend bestürzte Trostlosigkeit meinem schweizer Hahnenjäger aus dem Gesicht zu wischen. Inzwischen war auch Max da. Der Schuß hatte ihn herbeigeholt und das war gut, denn nun mußte er uns finden helfen.

Wir zogen los. Die fünfzig Schritte hatten wir längst hinter uns, und wir waren mehr als hundert Gänge bereits suchend und for-

schend vom Balzbaum entfernt, als Kurt mutlos meinte, es wäre doch alles vergebens, und ich hätte mich verhört. Ich aber hatte den Fall genau im Ohr. Es war ein trockener, harter Aufschlag gewesen, es mußte ein Platz sein, wo Nadelstreu und wenig Bodenbewuchs den Aufprall kaum zu dämpfen vermochten. Dort drüben zum Beispiel wäre so ein Platz ... und da lag auch der Hahn! Die Schwingen gebreitet, der Stoß leicht gefächert, so hatte sein letzter Flug geendet. Auf einem Moospolster ruhte der Kopf, den starken Brocker leicht geöffnet, und die Balzrosen über den gebrochenen Augen glühten wie zwei frische Preiselbeeren, die der Herbst hier vergessen hatte.

Als ich hintrat zu diesem seinem letzten Lager, öffnete sich zitternd die blauschillernde Balzkrause, und die vornehmen Waldfarben des Gefieders, braun und grün und grau gesprenkelt, leuchteten noch einmal auf, gestreift vom eben verdämmernden Leben. Dann wandte ich mich zu meinem Freund, der plan- und ratlos gesenkten Hauptes und von der Nutzlosigkeit seines Tuns überzeugt, seitab von mir den Boden musterte. „Kurt, komm mal her und freu dich! Waidmannsheil!"

Was dann alles geschah und ich erleben durfte, es war nicht laut und von ausgelassener Freude getragen, es war jenes Geschehen, das mir das Recht gibt, dieser Erzählung die Behauptung voranzustellen: „Führen ist seliger denn — Schießen!"

Ich sah den feuchten Schimmer in den Augen meines Freundes, ich hörte den belegten Klang seiner gestotterten Worte und bemerkte die Behutsamkeit seiner Hände, mit denen er zart und vorsichtig den toten Kämpen von seinem letzten Lager hob, und das Zittern der Finger, die scheu einige Federchen an der Balzkrause glätteten.

Dann brach der ungestüme Jägertriumph durch. Es gab ein Händeschütteln und Ins-Kreuz-Schlagen, ein Lachen und Erzählen und immer wieder Worte dankbaren Staunens, daß es uns nun doch noch vergönnt war, erfolgreich zur Hütte zu ziehen. Dann marschierten wir endlich los, diesmal in umgekehrter Reihenfolge. Vorneweg der glückstrahlende Schütze, dann Max, der Adjutant, mit den wachsamen Augen und dem fröhlichen Herzen, und am Ende ich, zufrieden und froh über das Glück der beiden anderen.

Als wir zur Hütte kamen, stach der erste Sonnenpfeil über die Randbäume der Hüttenwiese und brach sich glitzernd im Geplätscher des Wassers, das aus einem hölzernen Rohr in den langen Brunnentrog sprudelte. Was dann in die Becher sprudelte, das war kein Wasser, sondern guter roter Wein aus einer zinnernen „Berner Kanne", rot und kostbar wie die Rosen des Hahnes, der draußen am Hüttenvordach mit dem Wacholderzweiglein als „letzten Bissen" in seinem Schnabel hing.

Liebe deinen Nächsten … auch ohne Grund

Es war einmal –, nun sind es bereits zwanzig Jahre her, als sich diese kleine Episode ereignet hat. Schön wär's, wenn jene, die's angeht, begriffen, daß sie's angeht.

Es war Jägerprüfungszeit. Ich fungierte damals wie heute als Mitglied des Prüfungskollegiums im Fach Wildtierkunde, jagdliche Praxis, Versorgen des erlegten Wildes. Damals drückte mein Bub das zweite Jahr die harte Bank im Pennal und lernte: amo, ich liebe, puella, das Mädchen, zunächst ganz saftlos als Vokabel, als Verbum und Objekt. Sein Pauker war ein strenger Mann, einer von der Sorte, die ihre Muttermilch am Gesäuge der Wölfin – selbdritt neben Romulus und Remus – zu zapfen pflegen, die ihre Söhne am liebsten Trajanus nennen und bei Tisch „accubare", d. h. liegen, möchten. Das Lehrerpult wird ihnen zur rostra, die Klasse zum forum Romanum, von dem aus sie ihre manipel mit Caesar in den Gallischen Krieg führen.

So lernte auch ich anfangs hart, später mit Begeisterung von einem Lehrer ähnlicher Prägung mein Latein, warum sollt' es der Bengel leichter haben? Jedenfalls sprach man am Tisch der Familie – wie könnt' es anders sein – von der Jägerprüfung und manchem fröhlichen Unsinn, der sich dabei mitunter ereignet. Und so bemerkte ich eines schönen Tages über den Tellerrand hinweg zu meinem Pennäler: „Du, Gert, morgen ist dein Lateiner dran, weißt du das?" Er nickte mit vollem Munde und senkte nachdenklich den Schopf. Dann meinte er so nebenbei: „Sag' mal, Vati, kann ich da nicht zuhören? Am Nachmittag hab' ich keine Schule und, … na ja …, ich möcht' halt mal sehen, wie das so geht, und … schließlich lernt man ja auch was dabei …, ja?"

Ich hatte längst geschaltet, ehe mein Sprößling mit seinen Erklärungen fertig war. Eigentlich war nichts dagegen einzuwenden und außerdem — Herrschaften! Ich hätte zu meiner Zeit meine Erstgeburt dreingegeben, wenn ich hätte dabei sein dürfen, wie mein Pauker selbst in der Prüfung schwitzte! Diese Genugtuung mußte ich meinem Buben gönnen, ein ganz klein wenig wollte ich ausgleichende Gerechtigkeit spielen. Zustimmung meinerseits —, faunische Befriedigung im Gesicht meines Jungen.

Am Tage darauf war es soweit. Herr Studienrat Dr. ... ich will „ihn" Brockerl nennen, stieg ins Examen, um sich neben der Vollmacht, faule Schüler aufs Korn zu nehmen, auch jene anzueignen, flinke Hasen und zu kurze Fasanen aus der Bahn zu werfen.

Jeweils drei „Delinquenten" traten an, um im Wechsel alle sechs Stationen dieses Leidensweges zum Jagdschein durchzumachen. Da kam auch jene Partie, der meines Sohnes machtgewaltiger Lateintrainer angehörte. Links war ich eingerahmt von einem großen Tisch, auf dem sich friedlich drängten: Stockerpel neben Fuchs, Ringeltauber neben Sperberterzel. Außerdem lagen da Losungen und Gewölle, Unterkiefer und Rebhuhnständer, Federn, Fährten, Haare und Schalen, kurz, das ganze breite Raritätenkabinett, von dem Jägerprüfungskandidaten unter Albdrücken träumen.

Rechts neben mir saß, wach und aufmerksam wie noch nie in einer Schulstunde, mein hoffnungsvoller Filius in grünem Janker und grauer Ledernen, mit aufdringlich arroganter Bescheidenheit, wie man dies an Fachleuten mitunter beobachten kann, wenn sie sich mit naiven Ignoranten konfrontiert sehen. Soweit, so gut.

Also begánn ich dánn
mit fórschender Mílde zu frágen
prúfend das Wíssen und Wésen
der ópferlammáugigen Knáben.

„Herr Doktor, nehmen wir mal an, nach einer Jagd auf Rebhühner gibt Ihnen Ihr Freund, der Jagdherr, den Auftrag, von der Strecke die jungen Hühner auszusuchen, denn die wolle er selbst behalten. Wie machen Sie das, worauf achten Sie da?"

Aufrecht, korrekt, mit geschlossenen Knien und andeutungsweise „Hände auf die Bank" sitzt er da, der Herr Studienrat, und ist mit seiner Weisheit am Ende, denn solche Frage steht weder im

Krebs noch im Brockhaus ... Hörbar knistert's im Gehirn. Dann wird das Schubfach Rebhuhn-Erkennungsdienst aufgezogen, und nun purzelt's heraus: „Zunächst achte ich auf den Schild, einen kakaofarbenen Fleck an der Brust, den haben die männlichen Tiere, die Hähne, man nennt dies Schildern, aber auch alte Hennen können diesen Fleck tragen. Außerdem beachte man die äußeren Schwingenfedern. Sind sie spitz, dann handelt es sich um ju ... äh, will sagen alte Hühner, sind sie abgerundet, so hat man es mit al ... äh, natürlich mit jungen zu tun. Ferner beachte man die Farbe der Füße – äh, natürlich Ständer – sind diese grau, dann hat man es mit einem jung ... will sagen alten Rebhuhn zu tun. Bei gelber Färbung haben wir es mit einem a ... jungen Exemplar zu tun. Außerdem haben wir da noch das sogenannte Strohsche Zei ... ach natürlich, entschuldigen Sie bitte, das gibt es beim Hasen ..."

Na ja, überwältigend war das ja wirklich nicht. Immer diese falschen Ansätze, die dann schnell noch korrigiert wurden. Solche Antworten zählen nicht. Mal weitersehen.

„Ja also, Herr Doktor, bislang haben Sie mir noch nicht überzeugend bewiesen, ob sie auch wirklich die richtigen Hühner auswählen würden, denn

Sind die Ständer gelb wie die Zitrone –
handelt sich's um *junge* zweifelsohne!
Sind die Ständer grau –, ist's schade um die Butter –,
solche Hühner schenkt man nur der Schwiegermutter.

Wissen Sie, es geht eben nichts über altbewährte Eselsbrücken, zwar nicht modern – aber praktisch. Nun weiter. Wie erkennen Sie am Verfärben im Frühjahr oder Frühsommer, ob Sie einen jungen oder alten Rehbock in Anblick haben, und wenn wir schon dabei sind, dann möchte ich auch noch wissen, ob das Verfegen der Rehböcke Auskunft über deren Alter gibt." Schubfach Rebhühner rein – Schubfach Rehwild raus – los:

„Aus dem Zeitpunkt des Verfärbens des Rehwildes kann man auf das Alter schließen, und zwar gilt dabei der Grundsatz, daß junge Rehböcke bald ... äh ... will sagen natürlich spät verfegen, während alte Böcke bald verfegen. Mit dem Abwerfen ist es genau umgekehrt, da werfen die jungen Rehböcke bald ... will sagen natürlich spät, ja natürlich spät ab, während alte Böcke schon im September abwerfen können. Was das Verfärben angeht, so verfärbt bald alt und ... äh, natürlich jung und gesund, während ...“ Das schien mir doch allmählich sonderbar, dieses ewige Korrigieren falscher Ansätze und das plötzliche Losschießen mit der richtigen Antwort. Da merkte ich aus dem Augenwinkel eine Bewegung zur

rechten Hand und —, also das war doch die Höhe! Sitzt da mein jagdbeflissener Lausbub und hypnotisiert seinen Lehrer. Wenn der zu einer falschen Antwort ansetzt, beutelt er den Kopf, daß die Haare fliegen, setzt er zu einer richtigen Antwort an, nickt er heftig und ernst beflissen. Und der Berufshumanist, Muster pädagogischer Redlichkeit, Leitbild der Penne ..., der läßt sich durch seinen Schüler, dem er selbst mit der Beurteilung „intelligent, aber faul“, vor der Versetzung Rotlicht zu geben droht, über die Hürden der Jägerprüfung zerren!

Wie pflegte er selbst in solchen Fällen zu donnern? „Unkollegial! Beinahe kriminell! Unterschleif! Betrug! Eines Humanisten höchst unwürdig!“ Und im Verweis, dem blauen Brief an den Erziehungsberechtigten für Kenntnisnahme und Unterfertigung, heißt es dann in solchen Fällen etwa: „Ihr Sohn, Gert Walther Niedl, hat durch Einsagen die gerechte Beurteilung eines Mitschülers betrügerisch gefährdet, und durch seine sträfliche Handlungsweise ein übles Beispiel gegeben.“

Stillschweigend deckte ich die Prüfungskladde zu, erhob mich von meinem „Richtersitz“, pflückte mir meinen lieben Sprößling vom Stuhl und führte ihn unter dem anerkennenden Gelächter der Anwesenden mit den folgenden Worten hinaus: „Komm, mein lieber Freund, komm schön, so ... und merk' dir, in unserer Familie werden gute Taten wahrscheinlich erst im Himmel entlohnt!“

Dann war er draußen, und die Prüfung wurde fortgesetzt. Es war mir eine Genugtuung, dem Lateiner meines Buben zu bedeuten: „... gerade Sie, Herr Doktor, werden verstehen, daß ich aus Gründen der Gerechtigkeit gegenüber den anderen Kandidaten Ihre bisherigen Leistungen nicht gelten lassen kann. Nehmen wir also mal die Familie der Marder ... welche jagdbaren Tiere zählen wir zu ...“ usw.

Zur Ehre des Herrn Studienrats sei erwähnt, daß er wirklich was gelernt hatte und dies durch treffende Antworten nachweisen durfte. Später, als er längst den Jagdschein hatte, da hat er wohl auch verstanden, was er da gelernt hat. Sein ehemaliger Einsager hat längst das Abitur ... es geht die Zeit im Sauseschritt ..., die Zeit sie geht, wir gehen mit. Vom Lauf der Zeit aber unberührt bleibt doch wohl die Wahrheit, daß Kinder *bessere Menschen* sind.

„in memoriam Oculi"

In der ersten Halle der Deutschen Jagdausstellung in München 1963 hatte ich, einem Auftrag gemäß, den Versuch gemacht, mit Hilfe großer, zeichnerischer Darstellungen den Besuchern die Entwicklung der Jagd von der frühen postglazialen Zeit bis heute im dramatischen Aufriß des jeweiligen Höhepunktes vor Augen zu führen. Man mag über die historische Richtigkeit, besonders beim ersten und zweiten Bild, Zweifel anmelden, die zum Teil vielleicht berechtigt sein mögen. Worauf es mir aber ankam und ankommt, ist nicht so sehr die minutiöse Geschichtstreue (die immer nur dem Augenzeugen gegeben sein kann), sondern der Wandel jagdlicher Absicht, der sich hier ausdrückt, fortschreitend von Bild zu Bild Jahrtausende bzw. Jahrhunderte überspringend. Der Hinweis auf diesen Wandel in Sinn und Ziel — vom primitiven Zweck zur Ethik — ist nach meinem Dafürhalten unbestritten und wichtiger.

Da zeigt das erste Bild die jagende Horde der Vorzeit. Mit Feuerbrand und Geschrei wird Fleisch gemacht. Wildpferde versucht man über eine steile Klippe zu drängen, ohne Maß und Rücksicht, einzig mit dem Ziel, die Sippe zu ernähren.

Das zweite Bild bringt den ersten „Wildschaden". Hier wird bereits gejagd zum Schutz der mühsam gerodeten und bestellten Ackerbreiten. Keltische Bauern zu Pferd hetzen die Sauen.

Im dritten Bild, einem Ausschnitt aus der höfischen Jagd des Hochmittelalters, zielt der Armbrustschütze nicht auf das nächste erste Stück im Rudel, das Leittier, sondern auf den Hirsch. Die Trophäe — als gesuchte Dreingabe zum Wildbret, später einziges erstrebtes Ziel —, ist auch hier bereits angedeutet.

Schließlich sind wir im Heute — die Pirsch auf den roten Bock —, und als letzte Darstellung der Bildreihe: ein junger Jäger im abenddämmrigen Moor, die Bockdoppelflinte in der Hand, hat den ersten Ruf gehört, den so sehnlichst erwarteten Balzruf unseres kleinsten Wildes, das geheimnisvolle, unirdische Quorr-orr der Waldschnepfe. Er zuckt herum, entsichert, sucht das kleine Ziel... gleich wird er anbacken und ein Feuerstrahl, vielleicht zwei, werden das sammetweiche Dämmern des Lenzabends zerreißen. Vielleicht meldet ein leichter Fall den Tod des kleinen, minnesuchenden Lenzboten, vielleicht — wahrscheinlich — aber schlägt nur die zunehmende Dunkelheit über dem jungen Schützen zusammen, verkriecht sich der letzte Rest des Tages in nasse Schlüfe und Gräben und stülpt eine Glocke der Einsamkeit, des in sich gekehrten Nachsinnens, über den Waidmann im Erlenbruch.

Wer kennt sie nicht, diese Stunden zwischen Dämmern und Nacht? Man wird da eins mit Gras und Kraut, mit Wald und Wind, der ein wenig auffrischt, als fliehe er vor der aufkommenden Finsternis dem schwindenden Tage nach. Die Stille lähmt. Die weite Ruhe des ursprünglichen Landes verzaubert. Und als der Schnepfenstern, die Venus, durchs schleiernde Geäst einer Birke funkelt und zum Heimweg mahnt, da scheut man sich, den Fuß vom Platz zu heben, und lauscht inniger noch hinein in die blauschwarze Weite der Au, ob man ihn vielleicht nicht noch einmal zu hören bekommt, den Weckruf des Jägerjahres... Quorr-orr... puiz.

Zurück zum ersten Bild. Dem rohen Hetzen nach Nahrung, der Jagd nach dem alleinigen Ziel, endlich wieder den leeren Magen zu füllen mit dampfendem, frischem Fleisch, ist dieses Warten auf ein paar Gramm leichtes Ziel im letzten Bild gegenübergestellt. — Hier das Gebrüll der Horde, der Feuerbrand. Dort die einsame Stille, das Warten, Lauschen und Spähen, die modernste Waffe sucht ihr kleines, flatterndes Ziel. Der Aufeinanderprall dieser Kontraste wirft die Frage auf — die schon so oft und immer wieder umstrittene Frage —: Warum jagen wir Jäger überhaupt noch? Warum? Und warum die Schnepfe? Diesen fragenden Vorwurf, — doch, gewiß, es ist ein Vorwurf, ein Vorhalt, den wir Jäger immer wieder in dieser Frage zu hören bekommen, diesen Vorwurf also zu beantworten im Rahmen einer kleinen, anspruchslosen, individuell gefärbten Betrachtung, würde diesen Rahmen sprengen mit den zwangsläufigen Wiederholungen von Vielem, schon oft erschöpfend und von anderen besser Gesagtem.

Man mag bei Hirsch und Reh und Gams und Hase gewichtige Gründe in der Gesunderhaltung der Arten finden, in der Notwendigkeit des Reduzierens auf ein gesundes, dem Biotop angepaßtes Maß. Auch waldwirtschaftliche, landschaftskulturelle und andere Gründe melden sich an. Bei der Waldschnepfe aber stechen diese

Trümpfe alle nicht. Oder will mir einer plausibel machen, er schieße einen „Schnepfenbraten" oder vollziehe zu Oculi die Aufgabe des fehlenden Großraubwildes oder verhüte Wildschaden? Oder was immer für wichtige und „sachlich vertretbare" Gründe da herangezogen werden mögen. Hier gilt nur ein Grund, hier stimmt nur ein Wort und ist nur eine Erklärung ehrlich: *Wir jagen, weil's uns Freude macht!*

Warum in aller Welt ist das kein ausreichender Grund für ein Tun, das niemandem schadet und keinen stört? Warum haben wir uns allmählich eine jagdliche Daseinsberechtigung zurechtgelegt, vor der wir innerlich dann und wann strammstehen, die uns mit tierischem Ernst erfüllt und uns zum „Vollzug des Waidwerks" schreiten läßt. Hol's der und jener! Wenn ich einen Mann frage, warum er ausgerechnet dieses Mädchen heiraten möchte, und er hat mir nichts zu sagen als: „Sie ist so praktisch! Gute Köchin! Schluß mit dem teuren einschichtigen Leben! Und die anzunähenden Knöpfe und zu stopfenden Strümpfe, außerdem hat sie attraktive Beine... na ja, zum Kinderkriegen, Autowaschen, na ja, ich hab' meine Gründe!" — Wenn das seine einzigen Gründe sind, und er nicht einfach strahlend erklärt: „Weil ich sie liebe!", dann ist das ein trauriger, erbärmlicher Freier.

Wenn wir nicht mit Büchse und Rucksack, den Hund an der Seite in den Wald streben, weil's uns zieht, *weil's uns freut,* weil wir das Glück der grünen Stunden suchen, weil wir jagen wollen aus „Spaß an der Freud", wenn das nicht ausreichender Grund ist für den jungen Adepten der Jägerei, wie für den eisgrauen Waldläufer — dann ist das ein trauriges Waidwerken! —

Sind wir denn wirklich schon im Bereich der Jägerei so nutzabhängig, daß wir für unser Tun unbedingt als Rechtfertigung die Gründe der Zweckmäßigkeit parat haben müssen? Brauchen wir eine „Entschuldigung" dafür, daß wir am Ansitz, im Revier, am Schnepfenstrich, bei Abführen des Hundes, mit Einschießen der Büchse so viel Benzin verfahren, Zeit vertrödeln und Geld verbrauchen? Benzin, Zeit und Geld, das rationeller und rentabler anderweitig angelegt werden könnte?

Nein!, sage ich, und nochmals nein! — Es trägt die Freude am Tun, am Arbeiten, am Dasein, den Mann durch die Hindernisbahn des Lebens. Wir sind nicht da, *nur* um ein Soll zu erfüllen, sondern um freudig und heiteren Herzens unsern Mann zu stehen! Was allgemein gilt, gilt für den Jäger dreifach. Wir jagen nicht, um den Abschußplan zu erfüllen, sondern *wir jagen*... dabei erlegen wir bestimmte Wildarten im Rahmen eines Bejagungsplanes! Und in der Zeit zwischen Silvester und Pfingsten bin ich der freie Mann mit der Büchse, ohne Reglementierung, ohne den Druck der behördlichen Auflagen im Nacken, allein der höheren Pflicht gehormsam, der Hege nach freiem Entscheid. Wenn ich dann Tag um Tag und Woche um Woche mit blanken Läufen heimkehre, müde vom Spähen und Pirschen, die Stiefel naß und Schnee hinterm Mantelkragen, wenn dann mit einem Mal der linde Lenzwind selbst in den Dickungen die Eispanzerung löst, wenn das Lied der Drossel den Tag beschließt, am Haselstrauch die Knospen schwellen, dann steh ich, wie's mein Vater tat und dessen Vater und der Ahn vor dem – und alle Männer der grünen Zunft im Erlenbruch, am Altholzrand, in der Weihersenke und durchmustere lauschend mit suchendem Ohr das schwindende Licht, bis endlich –, endlich der Balzruf des Vogels mit dem langen Gesicht des Frühjahrs Einzug bestätigt.

Ihn zu treffen, bleibt ein Versuch, ein kleiner Lohn für die mühevolle „Abstinenz" des Winters, den wir uns mit Recht nehmen dürfen und sollen!

Im Vorjahr traf ich keine. Im Jahr davor eine, davor durfte ein Freund stolz zwei heimtragen, und wiederum davor erlegte ein Jungjäger als Gesellenstück seine erste Schnepfe. So sieht aus, was wir in Deutschland unter „Schnepfenjagd in der Paarungszeit" verstehen. Daß dabei erwiesenermaßen 92 % Männchen und nur 8 % Weibchen zur Strecke kommen, hat das jagdwissenschaftliche Institut damals in Hannoversch-Münden ermittelt, und es gibt unserer Art, die Waldschnepfe zu bejagen, recht.

Mag man im Ausland z. T. anderes für richtiger halten und unsere „Rücksichtslosigkeit" verdammen – sei's drum. Wir jagen, weil's uns freut!

Was aber Generationen von Jägern vor uns beglückte, hat mit dem Jahr 1977 sein Ende gefunden – ein unnötiges, weil biologisch unmotiviertes und sachlich wie jagdpolitisches nicht vertretbares Ende.

Vorbei diese Jagd aus reiner Freude über das Glück einer kleinen – großen Stunde zwischen Dämmerung und Nacht. Vorbei diese einzige Jagd um des Jagens wissen, denn diese allein erstrebte nie die Beute, sondern nur das beglückende Ereignis.

Ein Däne im Hochgebirge

Das kam so: An einem Treffen in der Lüneburger Heide, an dem Jäger, Biologen und Forstleute mit Experten des Naturschutzes über ihre Probleme sprachen, saß er mir gegenüber, der dänische Forstmeister Edwart H. aus Apenrade. Wir kannten einander bereits von einer ähnlichen Tagung des Vorjahres, und wie das unter Forstleuten auch heute noch dann und wann vorkommt, redeten wir über die Jagd. Dabei stellte sich heraus, daß er noch nie aus seinem Land in jene Gegenden gekommen war, wo es Berge gibt. Sein Haus liegt zwanzig Meter überm Meer, und das scheint ihm bereits ein großer Vorzug gegenüber jenen zu sein, die „tiefer leben" müssen.

Zu gerne hätte ich dem bescheidenen, sympathischen Kollegen einmal die Berge gezeigt. Wie bringt man das aber zustande, sind doch dabei zunächst tausend Autokilometer zu überbrücken. Das geht nur mittels der Jagd. Ich lud ihn also auf einen Gams ein, und er nahm begeistert an und erklärte mir, wenn er schon in die Berge reisen dürfe, um einen Gams zu erlegen, dann müsse ich zu ihm kommen und einen Seehund strecken. So war's vereinbart, und so sollte es bleiben. Zunächst schrieb ich an einen Schweizer Freund, der mich zur Gamsjagd eingeladen hatte und dessen Geschenk, den Gams, ich nun die Absicht hatte weiterzugeben. Ich schilderte ihm den Sachverhalt und vor allem den Vorzug seiner Hütte, die in einer Höhe von 2000 Metern mit dem Auto erreichbar ist und deshalb für den bergungewohnten Dänen ein idealer Ausgangspunkt wäre. Wie erwartet, war mein guter Fritz einverstanden, und so konnte in Ruhe alles vorbereitet werden.

Zu dritt wollten wir ins Vorarlberg ziehen. Mein Freund Hubert, mit dem zusammen ich vom Jagdherrn eingeladen worden war, und der Däne. An einem herrlichen Spätsommertag trafen wir in München in der Bahnhofsrestauration zusammen.

Die Stadt strahlte unter der blauen Kuppel eines herrlichen Morgens, als wir drei, vergnügt und losgelassen wie drei Pennäler nach dem Abitur, das Gepäck in meinem Wagen verstauten und in Richtung Garmisch losrollten. Der Däne saß vorne neben mir. Hubert steckte seinen Kopf und öfter noch seine Filmkamera zwischen uns durch, um den Ablauf dieses „geschichtlichen Ereignisses“ entsprechend zu kommentieren und für die „Nachwelt festzuhalten“.

Im sonnenlichtübergossenen Garmisch wurde kurze Station gemacht, Dosen, Getränke und Rauch beschafft, ein massives Mittagessen genommen und weitergefahren über Ehrwald, Reutte in Richtung Arlberg. Als wir bei Ehrwald einen kleinen Halt einlegten und vor uns die Zugspitze aus dem Talboden wuchtete mit ihren sonnenübergossenen steilen Westflanken, da stand der Nordländer da und schwieg vor Staunen und Begeisterung. Es ist ein Erlebnis besonderer Art, einmal als Gefährte die Freude eines anderen bei der ersten Begegnung mit Dingen zu erleben, die uns bereits zur Selbstverständlichkeit geworden sind.

Wir gewannen an Strecke und Höhe, und als die Sonne nahe daran war, den Kranz der Berge zu berühren, hatten wir über Lech und das Formarin die Hütte erreicht, die in Anlehnung an eine Hochalm mitten im Gamsrevier steht. Da erwartete uns auch der Jäger Ehrenreich, ein ruhiger, wortkarger Mann, der sich später als sehr sicherer Jagdführer und verläßlicher Kamerad bewähren sollte.

Das wichtigste war zunächst die Prüfung der Waffe, die Forstmeister H. mitgebracht hatte. Erstens war sie ja auf Seehöhe eingeschossen und mußte demnach hier oben auf zweihundert Meter eine andere Treffpunktlage aufweisen; und dann muß der Gamsjäger an seine Büchse ganz andere Anforderungen stellen, als man es im Tiefland gewohnt ist. Also wurde auf etwa zweihundert Meter ein größerer Karton aufgestellt und beschossen. Das Ergebnis befriedigte nicht, denn eine Büchse, die auf diese Entfernung nicht jeden Schuß in einen Bierdeckel hineinbringt, taugt nicht für die Bergjagd. Lange einzuschießen und mit der Ballerei das Revier zu beunruhigen, schien sinnlos. So stellte Hubert seinen Mannlicher 6,5×54 zur Verfügung, den man nicht zu probieren brauchte, denn die Schußleistungen der Waffen dieses hervorragenden und geradezu besessenen Schützen sind immer optimal.

Beim Abendbrot in der prächtigen, saugemütlichen Hütte unseres Schweizer Freundes mit manch tiefem Zug aus der Rotweinflasche kam der Schlaf, und begleitet vom spärlichen Schellen und müden Anschlagen der Weideglocken, wenn das rings um die Hütte lagernde Vieh im Ruhen eine Bewegung machte, schnarchten wir dem kommenden Tag entgegen.

Die erste silberne Blinke krönte den Kamm der Berge im Osten, als uns der Wecker mit seinem blechernen Krach aus dem Schlaf stieß. Ein warmer Tee, etwas auf den Zahn, dann wurden die vorbereiteten Rucksäcke geschultert, und mit Büchse und Bergstock ging's raus in den frischen, verheißungsvollen Morgen. Ich trug an Stelle einer Waffe die Kamera mit dem Tele, um einmal so nebenbei „mitzujagern" und im übrigen zur Hand zu sein, wenn es nötig sein sollte. Schließlich hatten wir einen Mann dabei, der, von der See kommend, das erste Mal im Berg war, und da kann man unter Umständen die unglaublichsten Dinge erleben.

Hintereinander stiegen wir bergan, um im Kar unter der roten Wand nach dem Bock Ausschau zu halten, dem die weite Reise galt.

Im Zickzack stampften wir voran, über Rasenbänder, Schroffenstufen und Schotterrinnen, Schritt um Schritt bedächtig, wie sich das am Berg gehört. Um nun vor dem Troß, möglichst allein und vorsichtig, am Grat zu sein und in das Kar Einblick zu nehmen, beschloß ich, die Marschordnung zu verlassen und vorauszulaufen.

So federte ich nun voraus mit langen Schritten, mit kurzen Sprüngen von Stein zu Stein, über kleine Stufen und Gräben, erreichte die blanke Felszone und gewann so, möglichst lautlos von Platte zu Platte springend und balancierend, endlich jenen Rand, der wie eine Krone das Halbrund des großen Tobels säumte und den ersten Einblick in die Gamswechsel und Einstände bot. Die ganze Zeit meines schnellen, zügigen Bergansteigens hatte ich flinke, elastische Schritte hinter mir gehört. Ich vermutete, daß der Jäger hinter mir dreingestiegen kam, mein Vorhaben erratend und in der gleichen Absicht wie ich. Kein Stein wurde weggetreten, nie klingelte die eiserne Zwinge des Bergstockes auf Fels, für mich das Zeichen, daß hinter mir ein Geübter dreinstieg.

Ich war auf die Knie, schließlich auf den Bauch niedergegangen und schob mich vorsichtig über die Kante des Kesselrandes. Mit dem Glas durchforschte ich Fleck um Fleck, als ich gewahr wurde, daß sich neben mich, wie ich vermutete, der Jäger heranschob und gleichfalls schweigend das Kar musterte.

Ein Rudel stand im Geschröff und äste friedlich vor sich hin. Geißen, Kitze, ein paar junge Böcke, ein hochkapitaler Tabu-Bock ..., sonst nichts, was gepaßt hätte.

Ich machte, ohne den Blick zu wenden, zu meinem Nebenmann eine diesbezügliche Bemerkung und bekam Antwort in gebrochenem Deutsch. War's doch der Däne, der mir da schweigend, behende und mit der Routine des Erfahrenen nachgestürmt war und nun neben mir lag, außer Atem und die Augen voll strahlender Freude.

Ich machte mit erstauntem Blick eine anerkennende Bemerkung, worauf er nur ganz trocken und schmunzelnd antwortete: „Isch habe nur naschgemagt, was Sie haben mir vorgemagt." Außerdem, meinte er dann, wären doch die Bergschuhe daran schuld —, nämlich meine Bergschuhe der Bundeswehrgebirgstruppe; sie würden eigentlich von ganz alleine laufen. Nun freute es mich doppelt, daß er da war, dieser Tiefländer mit dem ausgesprochenen Berglertritt und der bergvertrauten Gelassenheit eines alten Hasen.

Inzwischen kamen die anderen, und mit Glas und Spektiv wurde nochmals Stück für Stück beurteilt und abgelehnt. Jedenfalls, und das war mir wichtiger als ein Schuß auf erste Begegnung, konnte mein Kollege aus dem Tiefland die praktischen Grundlagen des Ansprechens von Gamswild lernen. Dann zogen wir weiter, fotografierend, staunend und glücklich über diesen herrlichen Morgen am Berg.

Da und dort war uns Anblick gegönnt. Wir sahen Gams noch und noch, aber kein Bock war dabei, der, alt genug, dem Jagdherrn gegenüber hätte verantwortet werden können.

So wechselten wir die Talseite und querten hinüber zur westlichen Reviergrenze. Als wir die Scharte erreicht hatten, von wo ins dahinterliegende Schroffengebiet der Einblick freigegeben wird, lag unser Ehrenreich schon am Bauch, kroch hinter einen Steinbrocken und schob ganz behutsam den Grind über die Kante, uns gleichzeitig größte Vorsicht zuwinkend. Dreihundert Meter vor uns zog ein Rudel Gams äsend und ahnungslos der wandernden Schattenzunge nach, die von einem Felsenkopf ins Kar hinuntergriff. Ein Bock war dabei, der, eng gestellt und alt genug, des Jägers und meine Billigung fand. Jetzt galt es!

Der Jäger und unser Jagdgast robbten los. Ein trockenes Gerinne nutzend, gelangten sie, vom Wind begünstigt und hinter Felsbrocken gedeckt, näher an das Rudel heran. Hundert Meter mochten sie so vorangekommen sein, und schon sahen wir, wie der Jäger seinen Rucksack als Gewehrauflage vorsichtig auf einen Stein schob und dann den Platz für den Schützen freigab, als mit einem Schlag das Rudel aufwarf und aufmerksam zu uns heräugte. Der Wind hatte sich verholend gedreht, wie das im Berg oft vorkommt, und uns verraten.

Dann setzten sich die Gams in Bewegung. Steine klapperten, Steingrus rieselte; der Däne lag bereits im Anschlag, hatte den Bock im Zielfernrohr, ließ fliegen. Hinter dem Ziel staubte es im Geröll. Durch die Scharte am anderen Ende des Kares verschwand ein Stück ums andere. Aus.

Es ist immer gut, wenn ein Jäger, der zum ersten Mal im Berg auf Gratwild waidwerkt, zunächst einmal danebenschießt. Erstens zeigt sich im Mißerfolg des Schützen wahre Innenseite, und dann soll er nicht zu dem falschen Schluß kommen, daß Jagen im Hochgebirge nichts anderes ist wie im Tiefland, nur mit ein bißchen größeren Schußentfernungen.

Unser Däne kam grinsend zurück und meinte nur: „Jedenfalls waren Kurs und Navigation gut, nur der Steuermann hat schlecht funktioniert."

Inzwischen war es früher Nachmittag geworden, und die Sonne lag mit ihrer ganzen Kraft in dem Kessel, über dem die Wärme zitterte. Sinnlos, in solcher Stunde weiterzupürschen, obendrein, wenn sich der Hunger rührt.

So schlug ich vor, eine Felsbastion zu ersteigen, die aus dem Steilhang der schuttübersäten Bergflanke wie ein Wellenbrecher hochragte, dort Mittag zu machen, ein wenig zu rasten und den Abend zu erwarten, da mit dem zurückwandernden Bergschatten das Gratwild anwechseln dürfte.

Der Vorschlag fand die Zustimmung des Jägers, und wir zogen los. Nach einer halben Stunde hatten wir den Turm erreicht. Er sollte später in unserer Erinnerung „Dänenschanze" heißen.

War das ein Fest. Faul und wohlig hingestreckt lagen wir auf dem schmalen Fleck, der flirrenden Sonne preisgegeben, packten aus dem Rucksack Brot und Konserven und Speck und Fruchtsaftdosen und dampften mit Genuß blaue Wölkchen in die herbe Luft.

Lang und länger wurde der Schatten unserer Felskanzel, und vom Schartel her leckte näher und näher, wie steigende Flut, das

Schattenbild der Randgrate. Es war Zeit, uns einzurichten. Zunächst räumte unser guter Ehrenreich „den Tisch", und mit Geklapper und Geläute warf er die leeren Konservendosen ins Kar, wo sie hüpfend und springend endlich liegen blieben — klanggämbäng ... bling-patsch ... Ich sah etwas betreten hinunter, wollte aber dem Jäger keine Zurechtweisung hinreiben, des Ausländers wegen, der da neben uns saß; denn was er da getan hatte, das war ein Verstoß gegen den guten Ton im Berg von etwa gleicher Schwere, als würde man sich als Gast der englischen Königin beim Festbanket ins Tischtuch schneuzen.

Als ich so überlegte und eben aufstehen wollte, um hinunterzusteigen und die Büchsen wieder einzusammeln, hatte sich unser guter Däne schweigend erhoben, turnte die Schroffen hinunter, sammelte die Dosen alle brav ein und vergrub sie. Als er wieder bei uns saß, sagte ich ihm ehrlich erfreut und anerkennend: „Wissen Sie, Gams kann jeder Depp schießen, wenn er die entsprechende Büchs und Begleitung hat. Dieses Aufsammeln der leeren Dosen stempelt Sie mehr zum Bergjäger als ein Bock mit 110 Punkten." Das Wort „Depp" mußte er sich erklären lassen, dann hatte er verstanden. Und ich will hoffen, der Jäger auch.

Da lagen wir nun schon eine Weile, abgesetzt vom Jagdgast und dem Jäger, Hubert und ich in einer Rinne hinter den beiden und warteten und warteten. Das Hochtal war bereits von abendlichen Schatten erfüllt, im Kar lag kein Sonnenstreifen mehr. Da steinelte es endlich —, sie kamen!

Vorsichtig in Reihe, zuerst eine alte Geiß, ihr Kitz, noch eine und noch eine mit ihren Kindern, einige Jährlinge, geringe Böcke und endlich ein schußbarer, guter. Was nun kam, ging schnell. Der Jäger rutschte mit dem Dänen in Deckung von der Kanzel herunter, um bessere Schußposition zu haben, und pürschte langsam und vorsichtig dem Rudel entgegen, das äsend verhalten hatte und bei Büchsenlicht wohl kaum bis zu uns herziehen würde. Hubert und ich verschloffen uns ebenfalls, um nicht zu stören, und bezogen Posten auf einer Rasenbank über der „Bühne", von wo wir den Hergang mit unseren Gläsern gut verfolgen konnten.

Wir sahen, wie die beiden frei nach Karl May von Block zu Block krochen und tanzten, und wie endlich der bewußte Rucksack auf einen Stein gelegt wurde. Bange Sekunden, vom Schützen zum Bock waren es gute zweihundert Meter, pendelte der Blick hin und her. Mit einem Mal machte der Bock einen Satz und stürzte ins Geschröff – taaauch-rumm, war der Schall des Schusses da, und rollte das Echo von Wand zu Wand, allmählich in der Ferne vergrollend. Dann brach mein Juchschrei in die Stille, und unten sprang ein glücklich winkender Schütze hoch.

Ein langer, überdimensionaler Erfolgsbruch zog dem dänischen Freund den Hut aus der Stirn, als sie beide ankamen. Der zufriedene Jäger mit dem braven Bock um den Hals und sein strahlender, glücklicher Jagdgast.

Natürlich wurde die Nacht lang, und wieder und noch einmal wurde alles anschaulich nacherlebt und mußte der brave Gratbock wieder und wieder sterben. Am schönsten war für mich dabei die große, innige Freude des Mannes aus dem Tiefland, der mit wirklichem Staunen und aufgeschlossener Seele jede Bergblume beachtet hatte, sich festsaugte an diesem ihm so neuen, fremden Land und ganz ohne Gier und Hast loszog, wenn's sein sollte, seinen ersten Gams zu strecken.

Der Hut mit dem Latschenbruch winkte noch lange aus dem Waggonfenster, als der Zug den Münchener Bahnhof verließ und nach Norden rollte. Heuer im Sommer habe ich meinen Jagdfreund in seinem Haus in Apenrade besucht. An der großen, rauhverputzten Wand des Rauchabzuges über dem Kamin, in der kultivierten, gemütlichen, dänischen Stube, hängt allein und edel die pechschwarze Krucke des Bockes von der „Dänenschanze".

Die Enten seiner Durchlaucht

„Der Regierende“ kam zur Blattzeit und diesmal ausgerechnet in jenes Forstamt, wo ich gerade als junger Schwarzenberg’scher Forstassistent im zweiten Jahr meiner grünen Praxis mit mehr oder minderem Erfolg bemüht war, das an der Universität erworbene Wissen in brauchbare Leistung umzusetzen. Was war das für ein Leben! Mit keinem König hätte ich getauscht. Vom Schöninger nach Westen ausgebreitet lag das wogende Waldland, in dem sich als kleine hellgrüne Inseln Dörfer einduckten. Silbern glitzerte in der Weite das Band der jungen Moldau, und über all der Herrlichkeit stand die luftige Himmelsglocke, gefüllt mit dem Ruch des Waldes, gemischt aus Harz und Blumen, Knospen und Tannenduft, aus deren Scheitelpunkt – wie der Heilige Geist in der Dorfkirche – an unsichtbarem Faden ein Falk rüttelnd hing.

Was war das für ein Leben! Die Pflicht war Freude, die Arbeit Lust. Und durch alle Mühe um den Wald, alles Streben nach der Realität des Ertrages, durch alle Bedenken um das Holz und seine beste Verwendung flocht sich das rot-grüne Band der Jagd. Vielleicht waren wir damals gerade deshalb der Maxime unseres grünen Berufes näher, weil uns die Jagd Geduld lehrte, und weil „Zeitlassen“, der alte Bauerngruß, des Forstmanns berufliches Handeln bestimmen sollte. Hektische Sprünge von einem „Versuch“ zur anderen „Ideallösung“ stört den gesunden Ablauf der Dinge und zerstört den Wald. „Was man nicht derhockt – derrennen wird man’s nie“, dieses gute Jägerwort scheint dem Auftrag des Forstmannes geradezu auf den Leib geschneidert...

Wir jedenfalls, wir jungen und alten Waldpfleger im Dienste einer Riesendomäne von 120000 ha Wald in Böhmen, wir hätten damals verständnislos und mitleidig den Kopf geschüttelt, wenn man uns eine Trennung von Wald und Jagd, eine Widersachlichkeit von Waldbau und Wildhege hätte erklären wollen.

So gesehen war es klar, daß eines strahlenden Augustmorgens, als ich auf meiner schweren Zweizylindrigen in die Arbeit „reiten" wollte, die Frau meines Chefs besorgt meinte: „Herr Assistent, was mach' ich bloß morgen, Sonntag, für Seine Durchlaucht zum Abendessen? Der Metzger hat uns so ein flaxiges Rindfleisch geschickt, das man höchstens für Gulasch verwenden kann, und Wildbret ist keins mehr am Eis. Könnten Sie nicht ein paar Enten besorgen?" „Aber sicher, gnädige Frau, ich fahr' gleich nachmittags zum Langenbrucker Teich, da geht immer was."

Sprach's und rauschte aus dem Hoftor, eine befriedigte Chefin hinterlassend und selber vergnügt über einen Auftrag, der, höchst dienstlich — der Wohlfahrt des Brotherrn sozusagen unmittelbar und direkt förderlich —, eine willkommene Abwechslung im „halsstarrigen Spähen" nach den Kronen der Stämme, Wählen, Prüfen und Entscheiden der Durchforstungsarbeit, dem Hauptgeschäft der Assistenten in jener Jahreszeit, bedeutete.

Die Entenjagd hatte ich mir so gedacht: Hund gab's damals noch nicht, denn das Gehalt war genau eingeteilt und reichte noch nicht für einen vierbeinigen Kameraden. Die Hälfte ging für Essen und Trinken, ein Viertel schluckte meine schwere BMW in Form von Öl und Benzin, ein Achtel Pulver und Blei, ein Achtel Kleidung — damit hatte sich's.

Mit vorhandenen Mitteln höchstmögliche Erfolge erzwingen, darin zeigt sich ja bekanntlich der Meister. So legte ich mir auch meinen Plan zurecht.

Mit zwei Gewehren, einer Kleinkaliber und einer Doppelflinte, wollte ich in den Schilfgürtel des Teiches eindringen und dann warten. Bei günstigem Anblick zuerst mit dem Kleinkaliber eine auf dem Wasser und dann die aufstehenden restlichen mit Schrot beschießen. Der Erfolg mußte bei richtigem Verhalten auf meiner Seite liegen, damit Seine Durchlaucht vor dem Hungertod gerettet und ich in höchst dero Personalplanung wohlwollend vermerkt... Früher als sonst schickte ich den Gehilfen vom Auszeichnen nach Hause, brauste zurück ins Forstamt, wusch Harz und Schweiß von Hand und Gesicht, packte meine beiden Waffen, laut Plan, und fuhr los zum Langenbrucker Teich.

Die Maschine, sorgfältig im Schatten einer Weide aufgebockt, wurde mit Kleidungsstücken behängt wie eine Krautscheuche; dann pürschte ich mich, zwei Gewehre um den Hals, den braunen Diensthut als restliches Attribut meiner höchst offiziellen forstamtlichen Tätigkeit auf dem Kopf, sonst nichts, ans Ufer heran und tauchte vorsichtig und behutsam ins Schilf. Stinkende Blasen kullerten zwischen den Zehen hoch, Schwärme von Schnaken umschleierten blutgierig, was sich über dem Wasser vielversprechend anbot.

Den Riemen der geladenen Doppelflinte schnallte ich kürzer, um tiefer eintauchen zu können. Aus Deckungsgründen, vor allem aber auch zum Schutz vor Blutsaugern, die Kleinkaliber in der erhobenen Hand, so schob ich mich weiter, tiefer durchs milchgrüne Gemesser des Schilfwaldes, bis ich den Rand des offenen Teiches durch die Stengel schimmern sah.

Dann richtete ich mich ein, verflocht ein paar Schilfhalme vor dem Gesicht und wartete, wartete. Ein heimliches, krabbelndes, summendes Leben erwachte um mich. Da turnte ein Käfer über grüne Blattrücken, rutschte ab, lag sirrend im Wasser, bis er endlich ein Zipfelchen eines Halmes erangelte und sich trockenzulegen vermochte. Dort ein großer Gelbrand. Er ruderte an einem Bein entlang aus der Tiefe. Die Ruder zur Seite gestreckt, lag er dann, unbeweglich an die „Wasserhaut" des warmen Teiches gedrückt, in Lauerstellung.

Mit hornigem Rasseln zuckte eine große Libelle durchs Gestämm der Rohrkolben, stand still in der Luft, schwirrte weiter und ließ sich schließlich, die leise zitternden Schwingen weit gespreitet, auf der Hutkrempe über meiner Nasenwurzel nieder. Lebensvolle Stille, heimliches Streben, Lauern, Zielen, Greifen — über den grünen Lanzenspitzen über mir der weißblaue Sommerhimmel, an dem ein Bussard mit miauendem Ruf ohne Schwingenschlag seine Kreise zirkelte. „— Tlak Tlak — tschatscha — Rap Rap — Bräät —". Sie kommen!, durchzuckte es mich, jetzt wird's Zeit!

Erstarrt durchforschte ich den Dschungel des Schilfwaldes. Der Wasserspiegel vor mir zeigte Wellenringe. Und dann kommt die erste daher. Gründelnd und schlappernd schiebt sie sich ins Freie, behaglich und lockend als Vorhut mit einem verhaltenen Rääp-räp dem noch unsichtbaren Gros die bekömmliche Unbedenklichkeit der Lage mitteilend.

Allmählich belebt sich die Bühne. Ein „Mutterschiff“ zieht aus dem Dämmer der ragenden Halme, unbewegt wie eine Lockente aus Holz, mit kaum merklicher Bugwelle vor der Brust, ein, zwei Erpel — leichtsinnig und bedenkenlos verspielt, nur auf Futtern erpicht; und dann mehr und mehr — ein stattliches Schof — alt und jung, tuckernd und tauchend, schnatternd und plusternd, da eine Spinne von einem Halm pflückend, dort neidisch eine glücklichere Erbeuterin verfolgend.

Dann ist's soweit. Langsam, im Zeitlupenstil, teilt der Lauf meiner Kleinkalibrigen die Halme, schiebt sich der Schaft an die Backe. Ein Rundblick noch: diesen Erpel soll die Kugel fassen; dann Flinte runter vom Hals, an dessen Stelle die Büchse umgehängt und die Aufstehenden angedoppelt. Ja, so mußte es gehen, wenn, wenn's klappt mit dem Gewehrwechsel, wenn die Überraschung das Schof verzögernd hochwerden läßt, wenn ...

Dann ging's wie immer bei der Jagd nach langer bedächtiger Vorbereitung und Wartezeit blitzschnell. Das Korn saß genau in der Wasserlinie des protzigen Erpels, dreißig Meter vor mir — Klick, der Stecher — fauuch, streckte das Kügerl den Farbenprächtigen flatternd aufs Wasser. „Prääg Prääg! Braag braag brag“, ging's los rings um mich. Klatschend und schwirrend stand das Schof auf — klatschend auch vergurgelte meine Kleinkaliber vor meinem Bauch im Wasser.

Runter mit der Flinte. Fast hätte ich mich dabei erhängt, ran ans Gesicht, dort die eine, bramm ... gefehlt ... zu spät ... Vorhalt!, bums!, und Klatsch, fiel sie auf's Wasser irgendwo hinter der Schilfwand. So war's recht. Der Plan hatte geklappt!

Mit drei Schuß hatte ich zwei Enten. Hatte? Noch nicht; erst einmal finden. Also erst alles mit der Ruhe! Zuerst einmal mußte meine Kleinkaliber wieder her, die im Kampfgetümmel auf Tauchstation gegangen war. Vorsichtig tasteten meine Zehen im Schlamm — da spürte ich endlich den Riemen, angelte ihn in Handreichweite und zog das gute Stück aus dem feindlichen Element. Ein kaffeebrauner Wasserstrahl kam aus dem Lauf, das Schloß war verschmiert mit schwarzem, stinkenden Moder. Egal — man kann doch schließlich seinen Dienstherrn nicht verhungern lassen — Dienst ist Dienst, und schließlich gibt's ja auch noch Werg und Ballistol.

Nach alter Regel markiere ich den eigenen Standplatz, denn der allein gibt Anhalt für die Nachsuche. Also wird der Hut schön vorsichtig auf das Wasser gelegt. Der Erpel treibt im Blickfeld. Die Ente aber fiel da drüben genau in den Aussichtsturm des fernen Schöninger, der gerade noch überm Schilf zu erkennen ist.

Entfernung? Wohl so um die vierzig Schritt — vielleicht. Alsdann los — die Ente zuerst! Blasensteigen, trüber, wolkiger Dreck kennzeichnet meine Watspur. Ich zähle die Schritte. Starre meine Richtungsmarke an und wende jedes Blatt, jeden Halm mit den Augen.

Nach vierzig Schritten beginne ich Kreise zu ziehen. Die Brühe wird tiefer und geht bis zur Schulter. Hoch in der Linken halte ich die noch trockene Flinte, die Büchse ist längst wieder untergetaucht. Ein Federchen liegt wie ein Segelschiff auf dem Wasser, ein Federchen mit zerschossenem Schaft.

So ähnlich mag es Columbus zu Mute gewesen sein, als er fast am Ende seiner Hoffnungen den ersten grünen Zweig längsseits treiben sah. Ein paar Watschritte weiter lag die Ente dann auch auf dem Wasser und wurde mit tiefem Aufschnaufen in Besitz genommen.

Also zurück. Ja, aber wie, und in welche Richtung? Ungefähr genau entgegengesetzt natürlich! Als einziger Wegweiser diente mir die trübe Hinterlassenschaft meines in den Schlick gestampften Herweges. So tastete ich mich zurück bis zum Hut, nein, bis zum Platz, wo er sein müßte. Der Hut, dieses unvergleichliche, schmükkende, krönende Beiwerk eines Fürstlich-Schwarzenberg'schen Forstassistenten, gefärbelt von manch schweißigem Bruch, gepanzert von manchen Zeichen erfolgreicher Schützenkonkurrenz, besteckt mit den Malerfedern meiner ersten Schnepfen, er war verschwunden. Da lag doch noch der Erpel, unbeweglich, gefangen von hakenden Blättern des Pfeilkrauts, am gleichen Fleck. Und mein Hut?

Das wären teuer bezahlte Enten. Doch da fingert mein großer Zeh an was Weichem. Der Hut? Es war so wenig mein Hut, was da vollgesogen, abgesoffen und versaut wieder ans Licht des Sommertages emporquallte — wie ein Kuhfladen der Blumenwiese ähnelt, aus der er über den finsteren Weg durch das Rindvieh herstammt. Gleichwohl, er war es, und blieb es nebenbei gesagt, auf einem Blumentopf getrocknet, gebürstet und geformt, noch lange glückliche Waldläuferjahre.

Den Erpel zu bergen, war ein Griff. Dann entstieg ich dem Irrgarten des Teiches, von Schnaken benagelt, mit Wasserpest behängt, aber von oben bis unten Triumphator.

Ein Bach nebendran machte mich wieder hoffähig. Ich schlüpfte schließlich ins grüne Zeug. Stolz, damit es jeder sehen sollte, hängte ich neben meine rechte Satteltasche, am Hühnergalgen schön malerisch dargeboten, die beiden Beutestücke, und aufknurrend, mit langer Staubfahne, fegte meine Maschine mit mir über die Feldwege durch die Dörfer dem Forstamt zu.

Mit einer Kavalierskurve rauschte ich in den Hof, daß der saubere Kies unter den Reifen weg gegen die Küchenfenster spritzte. Schon erschien die Chefin in der Tür und begrüßte mich erwartungsvoll mit der Frage: „Na, haben Sie Waidmannsheil gehabt?“

„Aber klar, gnädige Frau! Zwei Enten dürften langen, sehen Sie selbst“, und ich deutete mit der unnachahmlichen Geste eines Toreros nach meiner Satteltasche, wo ich die Beute wußte.

„Wo denn? Ich sehe nichts?“, meinte meine Auftraggeberin. Nun wandte ich mich selbst wohlwollend nachsichtig meinem Hühnergalgen zu. Der war noch da, gewiß. Doch von den beiden, so teuer und mühsam gewonnenen Trophäen meiner jägerischen Tätigkeit hingen nur noch zwei Köpfe am Galgen, ein grüner und ein brauner, kündend von Art und Geschlecht der ehemals unversehrten Beute. Die Braten jedoch, die Hauptsache, fehlten.

So wäre es Achill zu Mute gewesen, hätte er, im hochschäumend rasenden Triumph des Siegers über Hektor dessen Leiche an den Kampfwagen gebunden, um die Mauern Trojas schleifend, diese dabei verloren und wäre ins Schiffslager der Hellenen mit leeren Stricken eingefahren, dem spöttischen Schmunzeln des Königs Agamemnon preisgegeben.

„Mit diesen zwei Köpferln dürfte Seine Durchlaucht kaum satt werden“, meinte belustigt und nicht unspitzig meines Oberforstmeisters herdkundige Gattin. Den fünfundzwanzig Meter langen Fluch verschluckte ich, wie sich's in Gegenwart einer Dame gehört, und meinte scheinbar gleichgültig: „So ein Schmarrn, so geht's, wenn man ganz schnell sein will. Aber, gnädige Frau, ich weiß noch eine wunderbar fette, dicke, große Ente auf dem kleinen Weiher hinter der Gutsverwaltung, die hält nicht aus, höchst vorsichtig, mit der Kugel aber kann ich sie erreichen. Die müßte auf jeden Fall langen."

„Das wär' ja schön, aber diesmal hoffentlich mehr als das Köpferl", erwiderte die Chefin zweifelnd und verschwand im Haus.

Nun galt es, eine Scharte auszuwetzen. Ich wechselte die Bewaffnung, griff den Mannlicher Schönauer aus dem Waffenschrank, versorgte mich mit einer 6,5×45 Vollmantel, stülpte mir einen trockenen Hut auf den Schopf und stob mit durchdrehenden Hinterreifen aus dem Hoftor.

Weit in den Wiesen lag der Weiher, fast kreisrund, mit etwa zweihundert Metern Durchmesser. Dort pflegte ich nach des Tages schweißtreibender Waldarbeit ein abendliches Vollbad zu nehmen, und allemal lag da inmitten der Wasserfläche eine Ente, unbeweglich und wachsam, die, sobald sie meiner am Weiherdamm ansichtig wurde, mit ärgerlichem Bräät-Bräät aufstand und verstrich.

Ich mußte mich also höchst vorsichtig anpürschen und auf große Entfernung einen guten Schuß anbringen, dann konnte nichts mehr fehlen.

Weit vor dem Weiher lehnte ich meine Maschine an einen Pfahl und pürschte vorsichtig den Abflußgraben entlang dem Weiher zu. Ein Huflattichblatt, das mein Gesicht zu decken hatte, hielt ich am Stengel im Mund, als ich mich behutsam den Damm emporschob und über die Krone spähte. Ein Stein fiel mir vom Herzen. Mitten auf dem silberblanken Wasserspiegel, im warmen Licht des nahen Abends, lag das ersehnte Ziel meiner Wünsche, Seiner Durchlaucht würdiger Braten, vorerst noch durchaus munter und guter Dinge. Mit vorschießendem Löffel fing sie nach Schneidern und Schnaken, pflückte dazu etwas Salat unter Wasser und musterte zwischendurch mehr aus Gewohnheit, denn aus begründetem Verdacht das Ufer ringsum.

Ich begann zu rechnen. Knapp hundert Meter, das wäre bei der Büchse Fleck. Besser zu kurz als zu hoch, denn was oben vorbeigeht, ist unbedingt verloren — also Fadenkreuz in die Wasserlinie! Gedacht — getan!

Millimeterweise brachte ich die Büchse in Anschlag. Was verschlug's, daß ich dabei ausgerechnet ein Nest der roten Rasenameise störte, die meinen Ärmel hinauf höchst wütend zur Abwehr antrat. Dann hatte ich die fürstliche Tafelfreude im Zielfernrohr. Der Stachel berührte die Wasserlinie, breitseitig stand die Ente im Blickfeld. Gestochen — raus mit dem Blei! Im trockenen, harten Knall zerplatzte auf der Wasserfläche ein „Sack mit Federn", so schien es mir.

Tief und beglückt aufatmend, den Stutzen in der Faust, mitten im Ameisennest, stand ich da, glücklicher noch als nach der jüngst bestandenen Staatsprüfung. Dann herunter mit der Schale, zum zweiten Mal an diesem wässrigen Jagdtag und als mein eigener Hund hin bis zur Beute. Dann hatte ich sie apportiert. Sie sah noch recht proper aus. Das Vollmantelgeschoß hatte ihr das Kreuzbein durchschlagen, das Rupfen hatte der Treffer bereits zum Teil besorgt, aber „edle" Teile waren nicht verletzt.

Diesmal lag sie am Tank vor dem Sattel, als ich sie vorsichtig und zärtlich in den Forstamtshof einfuhr. Die Hausfrau war beglückt, des Lobes ob meiner jagdlichen Zuverlässigkeit und ob der fetten Fülle meiner Beute voll. Ich suchte die wohlverdiente Horizontale — nach einem zünftigen Abendbrot und, nicht zu vergessen, nach zwei Stunden Waffenpflege und Trockenlegung meiner „Unterwasserbüchse".

Tags darauf hatte ich die Ehre, Seine Durchlaucht zur Bockpürsch zu begleiten. Ein kurzer Gewitterregen zwang uns, in einem Futterstadel kurzen Unterschlupf zu suchen; und so saßen wir unter dem Rindendach und rauchten und redeten von der Jagd und vom Wald, d. h. mein Reden beschränkte sich, wie sich's gehört, zumeist auf respektvolles Zuhören und Sekundieren.

Dann verschwieg der hohe Jagdherr für längere Zeit und hatte offenbar sehr mit sich selber zu tun, wie seine verzogene linke Backe, die bald von der Zunge ausgebeult, bald saugend eingefallen war, bewies. Schließlich griff er nach dem Knicker, schlitzte einen spitzen Span vom Türstock der Futterhütte und fuhrwerkte damit höchst unfürstlich in dero Gebräch umeinander.

Plötzlich verklärte sich seine Miene. Aufgespießt auf dem martialischen Zahnstocher, hielt er ein beachtliches Stück Flechse gegen die Sonne, die nach dem letzten Regentropfen eben das Gewölk durchbrach.

Schmunzelnd, mehr zu sich selber als zu mir, meinte er dann: „Großartige Köchin, diese Frau Kithier, die kriegt selbst gebrauchte Autoreifen weich wie Spanferkel; aber diese Ente gestern, die war bereits damals, als der Feldmarschall Schwarzenberg die Türken besiegte, Urgroßmutter. Sehr gescheit von Ihnen, eine Vollmantel zu verwenden. Eine andere wäre wohl abgeprallt."

Der Einhornige

Bedächtige Eile, die gibt es! Das ging mir durch den Kopf, als ich, völlig allein auf der Straße, zwei Stunden vor Mitternacht die eisblanken Schattkurven am Fernpaß hinaufzog. Bedächtige Hast: Um fünf Uhr noch im Amt, dann aber hielt mich nichts mehr. Vollgetankt, vollbepackt mit Speck und Brot und „Oberschmierung", mit Büchse und Bergstock war ich unterwegs von der Oberpfalz in's Tirol, in's Land der schwarzen Bartböcke...

Ich weiß, für die Mehrzahl der Jäger ist es das Höchste, den Hirsch zu bejagen. Die „zehn heiligen Tage" im Herbst, da der Waldkönig Verlangen und Kampfansage in den Nebel orgelt, erfüllen sie mit Schauer und Verzückung, und manch einer macht weite Reisen, um endlich einmal auch einen Hirsch erlegt zu haben — von Medaillen und Nadlerpunkten diesmal ganz zu schweigen.

Mir geht es mit dem Hirsch wie mit dem Auerhahn. Den einen hatte ich früher einmal, den anderen hab ich noch heute im Revier und Amtsbezirk. Einem König zollt man Respekt, vor einem hohen Herrn zieht man achtungsvoll den Hut, ja man liebt ihn auch, aber man haut ihm nicht voll Begeisterung auf die Schulter, man sagt nicht zu ihm: „Was bist du doch für ein Mordskerl!" Nein, das tut man nicht mit seinem Souverän, wohl aber mit seinem Freund, vor dem man ehrlichen Respekt hat. Vor einem Hirsch fällt man bestenfalls in's Knie, einem Gams zwinkert man verständnisvoll und anerkennend zu. Bei der Jagd halte ich's mehr mit der Liebe als mit dem Respekt, und darum entschied ich mich bedenkenlos für den Gams, als mir im Sommer Edmond Baron de Rothschild die Wahl stellte, als Gast in seinem Revier um Ischgl einen Hirsch oder Gams zu strecken.

Nun war ich also unterwegs und im Geiste weit voraus, im Paznauntal. Seit zwei Jahren kenne ich dieses jagdliche Königreich, verständnisvoll „regiert" von einem großzügigen, sachkundigen

Jagdherrn, beraten vom Tiroler Landesjägermeister Graf Waldstein selbst und betreut von drei tüchtigen Jägern. Dorthin ging die Fahrt. In Landeck Nachtquartier. Am Morgen darauf quietschte der Schnee vorm Gasthof, und die Nacht wich einem strahlenden Wintermorgen.

Um acht hielt ich, wie vereinbart, am Haus des Oberjägers. Xander war bereits unterwegs, um die Fütterungen zu versorgen. Bis neun wollte er zurück sein. Tee und Striezel und Speck bei gutem Gespräch mit Frau und Großmutter übers Wild natürlich, übers Wetter, die Schneelage, die Zeitläufe und sonst allerhand, kürzen das Warten. „Zeitlassen!" lautet der alte Bergbauerngruß. — Dann kommt er, mit blitzenden Augen und blanken Zähnen hinterm dunklen Bart. Wiedersehensfreude, Handschlag, ein paar zuversichtliche Worte und dann erst einmal ausgiebig „jausen". Zumindest Xander, der ja schon eine Tour hinter sich hat.

Schließlich Rüsten zum Aufbruch: Schuhe wechseln, Rucksack umpacken, Fotogerät einstecken, Büchse, Patronen, Glas und Bergstock. Alles zusammen in den Haflinger verstaut, und los geht's. Und damit endlich beginnt wieder einer jener vielen schönen Bergjagdtage, die ich bislang erleben durfte. Der Anfang liegt immer im Ungewissen; der Anstieg ist stets ein Schwanken zwischen Zweifel und Zuversicht. Dann löscht die Freude über die Höhe, schlicht und einfach das Glück über das Dasein, alle Erwartungen und alles Streben, und dann erst, oder vielleicht gerade darum, dann bietet sich plötzlich die meist einzige Gelegenheit, den Jagdtag mit einer Strecke zu krönen, wenn man sie schnell und sicher wahrzunehmen versteht. So ist das beim Gamsjagern im Hochwinter.

Noch aber saßen wir beide im „Haflinger" und rollten die Straße bergab nach Ischgl. Wir wollten erst einmal von der Straße aus gründlichen Einblick in die östlichen Bergflanken nehmen. In neuem Schnee prahlten die Schründe und Hänge, glitzerten im strahlenden Licht Schultern und Grate. Wo die Gipfelwächten an den blauen Himmel stießen, stäubten leichte Schneefahnen. Aufgestützt am Verdeck, tasteten wir durch die Gläser die Einstände ab. Gams überall. Eineinhalbtausend Höhenmeter trennten uns von ihnen. Alle aber zogen, schlendernd und unentschlossen zwar, doch bergauf, der wärmenden Sonne ausweichend, den Schattenseiten

nach. „Wenn der Gams steigt, steigt das Barometer", meinte ich. „Teifi, da müaßma nachsteigen", knurrte der Jäger und meinte dann einschränkend: „Was i suach, das wär a Bock mit nur eim Schlauch. Der war gestern erst da in dera Rinn, den hättma von der Straß her derpackt. Der war der Rechte. Aber wo ischt er jetzt?" — Sprach's, schloff hinter das Steuer und wendete die Karrette bergwärts, bis sie trotz Differenzialsperre und Vierradantrieb im tiefen Schnee jeden weiteren Dienst verweigerte.

Dann ging's bergan durch den Schutzwald, einem Rotwildwechsel folgend zunächst, später in der Fallinie empor. Ein Teufelsschnee. Kein Pulver, das ausweicht, kein Firn, der trägt, kein Papp, der hält, sondern fünfzig Zentimeter „Stärkemehl", das nachgibt und dann gleitet. Der Talspeck tropfte in hunderten fetten Perlen von Stirn und Nasenspitze in den Schnee. So direkt, ohne Gewöhnungstraining, vom Auto heraus in den Berg zu stieren, das schlaucht schon mehr, als man vor seiner Jagdbegeisterung zugeben möchte. Hundert stapfende Schritte, dann kurze Schnaufpause. Hundert Schritte — Schnaufpause, hundert Schritte. „Zeitlassen". Xander spurte mir vor. Gelassen, verständnisvoll und nachsichtig hatte er immer was zu „spekulieren", wenn er merkte, daß mir der Dampf wegblieb.

Es mochten tausend Meter überm Talboden sein, da hatten wir den ersten ausgiebigeren Einblick in die Höhenregion. Da, Geiß mit Kitz! Dort ein Bock, ein junger! Darüber ein älterer mit prahlenden Krucken, Zukunft. Schwenk nach der Südseite. „Das ischt er!", murmelte Xander hinter seinem Bart und deutete eine Rinne aufwärts. Da zog ein Gams zuberg, bis zum Pinsel in der Schneerinne eines frischen Gamswechsels, einsam, allein, und wir Menschen würden sagen „verdrossen".

Wenn er ins Tal zurückäugte, war selbst auf diese Entfernung von 400 Metern mit dem Glas zu erkennen, daß der rechte Schlauch fehlte. Das ist er wahrhaftig, der Gesuchte. Eine tiefe Schlucht und eine Rinne und obendrein etwa hundert Meter Höhenunterschied trennten uns von ihm. In einem Graben verschwand er, und wir stiegen weiter, Schritt um Schritt, bei mir Tropfen für Tropfen.

Die Baumgrenze war erreicht. Breit eröffnete sich uns der Rundblick. Über Grate und Kanzeln, Plattenschüsse und Hochböden empor bis zu den apergeblasenen Gipfeln türmten sich die Dreitausender gegen den tiefblauen Mittagshimmel. Da und dort an den Latschenköpfen und grasigen Buckeln standen Gams. Sie suchten und schlugen nach karger Äsung, oder saßen im Schatten eines Steinbrockens, geschützt vor der unleidigen Sonne, denn für diese Wärme waren sie zu dick angezogen. Zwei Lausbubenböckchen spielten scherzend „Rauferei“. Ansonsten Frieden, tiefer Bergfrieden und eine Stille, die einem das Blut im Ohr brausen hören läßt. Endlich wieder einmal oben! Oben!

Gute Jäger gibt's viele. Die besten sind jene, die schweigen können. Xander kann schweigen. Dann mußten wir beide schweigen, denn wir hatten den Mund voll. Voll mit dunklem Brot und rosigem Geselchten und vorweihnachtlichen Kostproben. Nie schmeckt eine Zigarette so gut, wie nach einer solchen Brotzeit in Schnee und Sonne bei zweitausend Meter überm Inntal. Wir saßen auf unseren Rucksäcken im festgetrampelten Schnee am Beginn einer Schneid, die als Trennung zweier tiefer Gräben von der oberen Waldgrenze hinüber zum kahlen Massiv des Berges führte. Eine Gams hatte, wahrscheinlich am Morgen, obenauf seine Fährte gezogen... Wir saßen und rauchten und schauten ringsum, jeder mit seinen eigenen Gedanken beschäftigt. Zeit lassen! Deckungslos weitersteigen wäre sinnlos gewesen, und wenn die alte Jägerweisheit Geltung hat: „Was man sich nicht derhockt, derrennen kann man's nie“, im Berg gilt sie doppelt, und in der Gamsbrunft dreifach.

Schweigend deutete Xander auf einen kleinen Felskopf. Ein junger Bock hatte sich dort niedergetan und äugte über die Kante seiner Bastion ins Tal. Einige hundert Meter darüber, an der Trennkante zwischen gleißendem Schnee und Himmelsbläue, stand ein schwarzer Punkt. Spektiv eingerichtet. Ein Bock. Man könnte sagen, ein Prügelbock mit einer Auslage weit über die Lauscherspitzen. Ein Tabubock, das war ohne ein Wort zu verlieren klar, aber ein Anblick ohnegleichen. „Mit dem Schatten kommen die Gams“, meinte ich. Xander nickte nur und ergänzte: „Bald wird's lustig!“ Und es wurde lustig.

Der Protzenbock hatte sein Revier durchgemustert und mochte da unten den Lausbuben entdeckt haben, der so tat, als hätte er's nicht nötig, Respekt zu haben. Mit einem gelassenen Satz in die Abfahrt löste er sich von der Schneid. Mit schaukelnden Sprüngen gewann er Tiefe wie ein Skiläufer, der mit Kurzski einen steilen Lawinenhang herunterwedelt. Dann pflügte er in eine lange Diagonale und wendete dann spitz auf das junge Böckchen zu. Das war schon längst auf den Läufen, prüfte die Lage, erwog die Fluchtmöglichkeit und drehte in stäubenden Fluchten zu Tal, genau auf uns zu.

„Xander, i wett', der kommt auf dem Zwangswechsel und geht über uns drüber. Ich mach mich fertig". Daß ich damit nicht die Büchse meinte, sondern die Kamera, darüber bedurfte es zwischen uns keines Wortes. Fertig zum „Schuß" lag ich auf meinem Wetterfleck, maß Entfernung und Belichtung, überlegte Blende und Ausschnitt, und schon war das Böckchen bis auf hundert Meter hergesprungen. Dann zog es in eine Vertiefung und war zunächst dem Blick entschwunden. Gespannt lauerten wir nun drei Minuten, und das sind lange Minuten mit der Kamera im Anschlag, an deren Sucherlinse sich immer wieder der heiße Atem eintrübend niederschlägt.

Endlich schiebt sich ein lustiges Faungesicht mit zwei Krucken dreißig Schritt von unserem Lauerplatz entfernt in der alten Fährte hoch. Vorsichtig windend und prüfend verhält er. Dann zieht er zögernd auf uns zu. Zwanzig Meter ... klick. Fünfzehn Meter ... klick. Dann verhält er. Was ist das da vorn? Grau in grau? Ist das vielleicht ein Kollege im Lager? Mit dem Vorderlauf schlägt er seine Herausforderung, die Frage nach der „Parole", in den Schnee und zieht dann, weil sich bei uns nichts rührt, im Stechschritt noch näher heran. Dann verhält er schließlich endgültig und hat inzwischen acht Schüsse mit der Kamera ausgehalten. Kassettenwechsel. Ich ducke mich nieder und tausche mit vorsichtiger Eile Farbfilm gegen Schwarzweiß. Aufrecht kniend eröffne ich ein „Schnellfeuer". Der Gams hälts aus. Dann schließlich ist es auch dieser unbekümmerten Jugend nicht ganz geheuer, und er dreht ab, steil hinunter in den etwa hundert Meter tiefen Graben in standsicheren Sätzen von Absatz zu Absatz. Dann war die Bühne wieder leer, und gelöscht dieses herrliche Bild. Xander strahlte: „Drei hat der Lausbub, hab's genau gezählt", meinte er.

Vergnügt standen wir beide da und lachten einander an. „Xander", meinte ich, „ich hab bereits meine Strecke! Schöner kann's gar nimmer kommen. Und wenn am Abend kein schweißroter Bruch am Hut steckt, für mich war's eine sehr erfolgreiche Pirsch." Der Jäger nickte und spiegelte derweil bereits wieder die Nordflanken ab in der Hoffnung, daß nun, da mit schwindendem Tag die Schattenzungen länger wurden, der Gams nachziehen würde. Ich wandte mich um und wollte nachsehen, ob unser Besuch nicht nochmals irgendwo auftauchte. Da riß mich ein Anblick jenseits des Grabens hellwach in die harte Jägergegenwart. Da drüben, neben der Wetterfichte, da steht doch ein Gams. Das kann nicht der junge Kerl sein, das ist ein anderer! Der stand da, Profil, und schlug Äsung aus dem Schnee. Im Glas erkannte ich einen Bock, stark im Wildbret, Pinselschnur, gut gehakelt. Entfernung gute zweihundert Meter.

„Xander! Da oben – ein Bock!" Ich blädderte, der Einzelgänger wandte sich uns zu. „Teifi, der is, der Einhornige!" zischte Xander hervor. – „Was jetzt?" meinte er nach einer kleinen Pause der Überlegung. Ich wußte genau, woran er nun dachte. Nicht etwa einen Gedanken an die Entfernung oder ein Bedenken über Schießen oder nicht Schießen. Nein, er bedachte nur die Möglichkeit des Bringens, des „Lieferns", wie man in Österreich sagt. Wenn der Bock da drüben fiel, dann konnte er nicht in der Fallinie zu Tal gebracht werden, denn da kam eine Wand mit einem vereisten Wasserfall. Also mußte er her, ans Ende unseres Aufstieges. Das bedeutet mit einem 30-Kilo-Gams in einer Schneerinne abfahren und dann, das war das Problem, über hundertfünfzig Meter vereiste Plattenschüsse, verschneite Felsen und gefrorenes Gras aufzusteigen. Das war Xanders richtige Überlegung, der ich Rechnung zu tragen hatte. Das mindeste übrigens, was ein Jagdgast tun kann, daß er die Bedenken seines Begleitjägers, vor den eigenen, verständlichen Wunsch nach dem krönenden Schuß, nach dem Erfolg, stellt.

„Vielleicht zieht er noch oben herüber, da wär er immer noch zu erreichen", meinte ich. „Xander, das Kügerl ist schnell nübergeschossen, darum geht's nicht, aber's Liefern, das wär eine Sauschinderei!" Schweigen. „Schießen oder nicht, das mußt jetzt scho du entscheiden, ich kann's derwarten und kann auch verzichten."

So wollte ich dem prächtigen Kerl einhelfen und ihn nicht zwingen, den Schuß ohne Rücksicht auf eigene Zweifel freizugeben. Zögerndes Schweigen. Dann ein Blick auf die Uhr. „Viertel nach drei is scho, sell derwart mer nimmer, daß der oben einerziacht... scheißwurscht — g'schossen wird!"

Kein Wort war mehr nötig. Ich warf mich auf den Lodenfleck, staute den Rucksack unter den Mannlicher, grub mich hinein in den Anschlag und zog den Schaft ins Visier. Glasklar stand der Bock im Zielstachel, äsend mir den Wedel zugewandt. Wenn er sich nur dreht, bevor das Okular beschlägt! Da kehrte er sich plätzend talwärts und stand breit, bis zum Vorschlag im aufgescharrten Schnee. Stechen, nochmals fein den spitzen Todeszeiger ins Blatt, und mit einem peitschenden Stoß war der Punkt gesetzt ans Ende aller Bedenken. Im Zielfernrohr sah ich, wie es den Bock auf die Hinterläufe hob, in einer klassischen Levade stand er Augenblicke lang aufgerichtet, und als Hall und Widerhall von der anderen Talseite rollend ausklang, fiel er wieder auf die Vorderläufe und bemühte sich torkelnd weiterzuziehen. Durchrepetiert und noch einmal, diesmal mitten hinein in den Wildkörper, denn hinter dem Grat konnte es steil abstürzen, und dann wäre der Bock kaum mehr vor Abendeinbruch, wenn überhaupt, zu holen gewesen. Am Platz sank er in sich zusammen. Es war vorbei. — Für mich, für Xander begann's.

Die Zeit drängte, denn im winterlichen Hochgebirge, obendrein an den Ostflanken, wird's jäh finster, und der Vollmond reicht zwar zum Abstieg in der Aufstiegsspur, nicht aber für sicheren Griff und Tritt in steilem Gehänge. Zunächst wurde umgerüstet, in bedächtiger Eile. Xander stieß seinen Stutzen in den Schnee, legte dazu Spektiv, Wetterfleck, Habichtglas und Rucksack und steckte nur einen „Kälberstrick" ein. Dann turnte er los, hinunter in den steilen tiefen Graben und verschwand. Während ich noch überlegte, wie lang es wohl dauern dürfte, bis er an der jenseitigen Flanke wieder auftauchte, pflügte an Xanders Stelle ein Gams eilig eine Fährtenrinne quer in den drüberen Steilhang. Es war der neugierige „Kamerabock". Gerogelt durch die beiden Schüsse und wohl auch durch Xanders Erscheinen, strebte er die obere Grabenkante an, um diese sonderbar belebte Gegend hinter sich zu bringen. Es war ein herrliches Bild von Kraft und Sicherheit, wie er in elastischen Sprüngen mit Zweimetersätzen im tiefen Schnee steil bergan Höhe gewann. Am Grat angekommen, prallte er plötzlich zurück. Ein weiter Schrecksatz. Noch einmal windet er in Richtung der Wetterfichte, und dann geht es in stäubender Flucht bergab davon. Tief befriedigt gewahrte ich diese Bestätigung, daß mein Bock genau dort liegen mußte, wo er zusammenbrechend im Schnee verschwunden war.

Derweil war Xander schon beim Aufstieg drüben. Bis zum Hosenbund steckte er manchmal fest, wühlte sich wieder frei und strebte in einer ausholenden Traverse aufwärts. Längst hatte ich die Kamera wieder am Auge und hielt diese Bilder fest: ein langer, tiefer Absturz, von Schnee überdeckt, mit wenigen Stauden und Strichen sparsam modelliert wie eine japanische Zeichnung, und mitten drin, klein wie ein Kümmelkorn, der Mann im kraftfressenden Wettlauf mit der Zeit. In fünfzehn Minuten war er oben. Noch ein paar Schritte, dann bückte er sich und stand wieder und schwenkte den Hut!

„Fünf, sechs Jahr ischt er und an guaten Bart hat er a... Juhuhuhuii!“ Das schönste Pleßhornsignal reicht nicht an die Freud, an die Ausdeutbarkeit eines solchen Juchschreies, der die saubere, die gute, die gerechte Strecke bestätigt. Man soll sich nie mit zweiter Qualität begnügen. Drum mag ich im Berg nicht blasen hören und außerdem, man trägt mal eben zur Stiefelhose keinen Gamsbart, das ist Sache der Stilsicherheit.

Dann kamen die beiden. Zuerst Jäger, dann Bock, dann zuerst der Bock und nach ihm der Jäger. Abwärts geht's eben immer schnell, mit allem, aber dann bergauf! Xander hatte den Bock in der Grabensohle und zog ihn zur diesseitigen Flanke. Zuerst wollte er's mit Ziehen schaffen. Drei Meter Zug, aufsteigen, drei Meter Zug, das ging nur eine kurze Weile. Dann war der schwere Wutzel im zählockeren Schnee ziehend einfach nicht mehr zu bewegen. Schnaufpause. Grimmiges, gedämpftes Fluchen. Dann fängt er, am eingerammten Bergstock angehängt, etwas zu basteln an. Ich erkenne im Glas, wie er den Gams schränkt, ihn hochzerrt, unter ihn drunter kriecht, und dann richtet er sich auf mit dem Bock im Nacken und stampft Tritt um Tritt bergan, über schmale Leisten

hinweg, über vereiste Grasbänke, durchbricht Wächten und hangelt sich an sperrigen Latschen vorbei. Vom Zuschauen allein tut mir jeder Wirbel weh, spür' ich jede Sehne. Dann verschwindet er unterm Überhang und kommt endlich heraus aus dem Loch, wie einer jener Jäger aus grauer Vorzeit, das Gesicht tief an der Brust, hoch am Genick die lastende Beute und über und über mit Schnee bedeckt. Dann liegt der Bock da mit zwei sauberen Schüssen, und über ihm reicht mir Xander lachend und stolz den Bruch. Für ein „Rauchopfer“ der Freude reicht die Zeit noch. Dann geht's zu Tal. Vorneweg Xander mit dem Gams und mit der Büchse, die er sich nicht nehmen ließ. Hintennach ich mit meinem und seinem Rucksack. Der Mond setzte blaues Licht zwischen das Gestämm und wies den Abstieg ohne Schwierigkeit. Ich ließ mir Zeit und hielt immer wieder inne, dankbar und nachdenklich...

Was bilden wir Jäger, die wir geladen sind, um dort zu ernten, wo andere gesät haben, uns eigentlich ein? Worauf stolz zu sein haben wir einen Grund? Auf den guten Schuß etwa? Wenn einer von einem Freund zu Tische geladen wird, dann ist es doch selbstverständlich, daß er mit Gabel und Messer umzugehen versteht und sich in Gegenwart der Hausfrau nicht etwa vorbeibenimmt. Und daß einer mit seiner Waffe vertraut ist, wenn er von einem Bergrevierkönig einen Gratbock geschenkt erhält, das ist doch wohl das allermindeste, was man von ihm erwarten kann! Im Berg lernt man nicht das Schießen, im Berg hat man zu beweisen, daß man's kann!

Dem Jagdherrn gebührt der Dank! Dank für die urwüchsige Freude am Erleben der eigenen Kraft, für das Glück des Pirschens hoch überm Tiefland, Dank für das Hochgefühl einer erspähten, verfolgten, ermühten und endlich sauberen Strecke. Vor des Jägers Können und Leistung aber ziehe ich respektvoll den Hut. Ihm gebührt nicht nur Dank für die Führung, ihm gebührt Anerkennung für die selbstlose Bereitschaft, dort einzuspringen, wo's der Gastschütze einfach nimmer schafft.

Diese ganze Geschichte, ich habe sie nur erzählt, um einmal dem Stand der Bergrevierjäger einen Latschenbruch des Dankes und der Anerkennung an den Hut zu stecken; einen Latschenbruch! Der wiegt mehr als einer von der Eiche aus dem Unterland.

Nicht jeder Zweck heiligt die Mittel

Da war einmal ein Vater, und der hatte zwei Söhne. Zwei tüchtige, wohlgeratene Burschen, ihrer Geburtsstunde nach Zwillinge, nicht aber eineiige, denn als sie am gleichen Tag, mit gleicher Note für „reif“ erklärt wurden, eine Universität zu besuchen, da wandte sich der eine der Rechtswissenschaft zu, während der andere den Landbau zu studieren sich bemühte.

Beide waren tüchtige Schrotschützen, hatten auf der großen Eigenjagd ihres Vaters gelernt, wie man eine Bekassine aus der unberechenbaren Flugbahn stößt, wie man einen Flitzer auf die Löffel stellt und wie weit vor einem Fasanengockel man ins Blaue schießen muß, damit er rauschend zu Boden stürzt.

Nur alles, was auf Schalen zieht, war ihnen bislang vom väterlichen Lehrprinzen nicht freigegeben worden, das war als Belohnung für's bestandene Examen vorbehalten. Das waren damals noch Zeiten ... und Väter!

Die Jahre vergingen, und eines schönen, eines sehr schönen Tages, kamen beide mit dem gleichen Bähnchen aus dem fernen Studentenland am Dorfbahnhof an; über der Brust das gleiche bunte Band und in der Tasche das gleiche Diplom mit der gleichen akademischen Würde. Das gab ein Fest! Wie hätte es auch anders sein können. Der Alte mit seinen beiden Doktoren feierte. Die drei pokulierten noch, als im frühen Morgenlicht die erste Amsel aus dem Obstgarten den Tag anmeldete. Dann wurden sie alle drei andächtig still, traten ans Fenster und staunten glücklich dem jungen Morgen entgegen, der da auf rosigen Flaumfederwolken im strahlenden Blau über die Waldspitzen segelte.

„Jetzt müßte man draußen sein in der Schwarzbachau –, dort steht nun sicher der ungerade Achter und wartet auf einen von euch!“ Fragende Blicke – verschmitztes Schmunzeln des Alten; dann faßte er sie um die Schultern, führte sie zum Waffenschrank und wurde feierlich: „Buben! Doctores jurisprudentiae et agriculturae! Kommilitonen!... Federschützen, windige! Jetzt ist's an der Zeit, daß ihr euch den ersten roten Bruch hinters Hutband steckt, als Lohn für eine saubere Kugel auf euren Examensbock! Zunächst aber zwei Andenken an den Tag und an die Freude, die ihr eurem Alten gemacht habt. Da Heinz, der ist für dich scharf, kurz und kostbar wie unser Name, und das da soll dir, Helmuth, manche gute Strecke vermelden, daß es weit übers Land jubelt und von deinem Waidmannsheil berichtet!"

Mit diesen Worten hatte er hinter der Reihe sauber aufgestellter Gewehre einen Nicker mit silberbeschlagener Scheide und eingraviertem Monogramm und ein Pleßhorn mit silbernem Rand hervorgeholt und feierlich übergeben. Der Landwirt streichelte prüfend mit dem Daumenballen über die giftige Schneide des Waidmessers und strahlte dabei wie damals, als er in seiner ersten Lederhose, die man vorn zuknöpfen konnte, vorm Christbaum stand. Der Jurist hielt sein Horn glücklich und nachdenklich in beiden Händen und entdeckte erstaunt die Umschrift am Schalltrichter: „Oberstes Gesetz der Jagd: Ehrfurcht!"

„So, und nun wollen wir alles genau bereden, wie ich mir's denke, das geht aber nicht ohne Dampf und volle Becher!" Sie saßen, die Köpfe zusammengesteckt, um den runden Tisch, Qualm schleierte durch die Stube, und der Pegel in der Flasche sank ruckweise, da der Vater seinen Plan des langen und breiten entwickelte. Nach bestandenem Examen sollte jeder von beiden einen guten Bock strecken, jeder seinen ersten. Der mit dem besseren Studienerfolg den besseren, der andere eben den anderen. Nun aber, hol's der und jener, standen sie beide da, beide am gleichen Tag, beide mit dem gleich guten Erfolg in der Tasche. Wie sollte da einer einen Unterschied finden? Steht das Recht vor dem Brot? Ist der Bauer mehr wert als der Richter? So ging's auch nicht. Was also tun? Hubertus sollte entscheiden — und die jagdliche Tüchtigkeit. Also hatte es nun der Alte bei sich beschlossen, und so sollte es sein:

Am großen Schwarzbachschlag, hinter den Steinköpfen des Buchberges, zog ein Kapitaler, ein ungerader Achter, seine heimliche Fährte. Je nach Wind und Wetter, nach Laune und wohl auch nach Störung benutzte er dabei zwei Wechsel. Den einen von Sonnenaufgang her, zwischen zwei Felsbrocken durch ins himbeerüberwucherte Gehäng eintauchend, wählte er üblicherweise, vertraut und eilig, denn so gelangte er aus dem Altholz auf kürzestem Wege in den Schutz und Äsung bietenden Dschungel der verunkrauteten Blöße. Den anderen, den längeren, ließ er sich nur dann aufzwingen, wenn der Föhn die Wipfel der wenigen Überhälter zauste oder aus irgend einem Grunde Gefahr in Verzug schien. Beiden war nun der gleiche Bock freigegeben. Den Stand, den Ansitz beim Ost- oder Nordwechsel sollten sie auslosen, und ansonsten mochte es St. Hubertus überlassen bleiben, welchem von beiden Anblick und Waidmannsheil beschieden sein sollte. — So warf man denn das Markstück. Klingend hüpfte es über den Estrich, und der Adler lachte dem Juristen entgegen, was besagte, daß er der Glückliche war, der den besseren Ansitz beziehen durfte. Kam der Ersehnte nicht zur Strecke, so mußte man die Chancen durchwechseln, bis er fiel.

„So, das wär's", beschloß der Vater seine Weisung. „...und nun wird erst einmal ordentlich ausgeschlafen, dann habt ihr eure Drillinge zu beschießen, dann zeitig in die Kisten, und vor Tau und Tag sitzt ihr draußen und zeigt, was ihr gelernt habt! Aber das sag ich euch beiden: sollt ihn mir einer anschweißen oder verschießen mit einer schlampigen Kugel, der hat in meinem Revier den ersten und letzten Büchsenschuß ins Leben getan!" Sprach's und trollte sich, um weinschwer sein Lager aufzusuchen.

Die Jungen taten, wie ihnen geheißen war. Lang schlafen, gut essen, und schließlich stanzten sie ein paar saubere Löcher Kaliber 7 mm auf hundertdreißig Gänge in einen Bierdeckel. Des Tages Rest verbrachte jeder auf seine Weise, der eine laut, mit seinem neuen Horn, der andere leise. Ja, leise, denn was unserem Mann der hellgrünen Fakultät durch den Kopf ging, das schlich auf leisen Sohlen durch alle zuständigen Bereiche des Gehirns. Jäh aufglühende Ideen wurden von Bedenken zugedeckt, biedere Sophistik räumte verschämte Einwände aus, schlitzohrige Pläne suchten ehrenwerte Bestätigung in der bunten Geschichte der Jägerei. Vorbilder aus der Irrfahrt des Schelmenhelden Odysseus wurden aus dem schier vergessenen Sack der Penne hervorgezogen, und schließlich breitet sich Gelöstheit und Frieden über sein Gemüt, da er sich des Fuchses erinnerte, der, zwar im Unrecht, gegen den Dachs übelriechende Mittel einsetzt, die ihm aber zum Erfolg verhelfen. Man muß seinen Dietzel eben gelernt haben!

Es stand ein windstiller, strahlender Abend an des Tages Neige, da radelte er beim rückwärtigen Hoftor hinaus, winkte seinem Vater, den er auf der Terrasse stehen sah, mit seiner roten Badehose zu und verschwand munter strampelnd in Richtung Regenbogenweiher. Dort legte er ein seltsames Benehmen an den Tag. Er steckte seinen Kopf ins Wasser, trocknete ihn dann flüchtig mit der Badehose ab, tauchte diese dann unter, wandt sie aus, klemmte sie in den Gepäckträger und flitzte lautlos weiter, zunächst auf dem Fuhrweg, dann auf einem Pirschsteig in Richtung Buchenberg. Dann schob er das Rad in eine Dickung und trollte sich federnden Schrittes wie ein Indianer. Schließlich, da er das Abendlicht durchs heller werdende Gestämm blinken sah, den freien Himmel überm Schlag, hielt er sichernd inne. Vorsichtig huschte er ab vom Steig, keinen Ast zertrat sein tastender Fuß, verhielt kurz auf einem Schneisenkreuz unter der Forstmarkierung „Buchenberg-Wolfsgraben“, und stand dann nach wenigen Gängen auf einem hart ausgetretenen Wechsel, der bolzengerade in jene Richtung führte, wo zwischen zwei Steinklötzen hindurch der königliche Bock zur gewohnten Äsung zu ziehen pflegte. Dorthin den Rücken gewendet, setzte unser Agronom Fuß vor Fuß und nahm mit einem Male jene Gangart an, die man Seeleuten an Land nachzusagen pflegt, während doch tatsächlich vor seinen seitgespreizten, watschelnden Beinen ein goldenes Brünnlein den Waldboden näßte. Schließlich war der Quell versiegt. Noch zwei Schritte, dann tauchte er ein ins Unterholz und knotzte in beschaulicher Ruhe mit gesammeltem Gesicht zwei Meter ab vom Wechsel hinter einem Fichtenschirm, während das letzte Dämmerlicht seinen „Spiegel“ als käsige Scheibe aus dem Düsteren hob. Endlich wurde der Blick des heimlichen Hockers wieder diesseitig. Er versorgte alles Weiße in der Bundledernen, schnaufte befriedigt durch, wie einer, dem nach sorgfältiger Planung alles nach Wunsch geraten war und verschwand. Mit nassem Kopf und nasser Badehose war er bald darauf daheim beim Abendbrot und konnte sich nicht genug begeistern

über die Frische und die Wohltat eines Bades im abendmilden Wasser des Weihers. Dann suchte man die Betten, von Vaters „Waidmannsheil für morgen!" begleitet.

Die Sterne blinkten noch in vollem Glanz vom samtdunklen Himmel, da standen die beiden Brüder vor dem Hoftor und rauchten gemeinsam eine Zigarette, um den Wind zu prüfen. Steil nach oben kräuselte der Rauchfaden im Glimmlicht der Zigarettenglut, von keinem Lüftchen zertrieben. Es stand gut für die Jurisprudenz! Mit Handschlag trennten sie sich und waren einander bald außer Sicht und Gehör.

Das erste Licht des blanken Sommertages fingerte weit vor dem Sonnenball über die Wipfel des Buchenbergwaldes und löschte Stern um Stern. Über dem Schlag bekamen die Einzelheiten allmählich Kontur. Der Hirschholunder tauchte aus dem Himbeergestrüpp, der Fichtenanflug färbte sich saftgrün und klar überm Beerkraut zwischen taubeschwerten Farnwedeln. Wispern und Schlüpfen, Zirpen und Schnalzen im Gezweig, das Meisenvolk war munter geworden, und schier nimmermüd' tönte Ruf um Ruf des Taubers über die Weite des Waldes, dessen Spitzen auf der Kimm des Berges im ersten goldroten Licht des Morgens erglühten.

Da stand er dunkelrot unter den Randstämmen und schlüpfte nach kurzem Sichern ins Gestrüpp des Schlages. Einmal langte er dann hoch, nach den ganz jungen, spargelgrünen Spitzen einer Mehlbeere, die nußbraunen, taufeuchten Stangen, von Perlen übersäht, prahlten im ersten Sonnenstrahl, der über den Buchbergkegel pfeilte. Bis zum Blatt zeigte er den schlanken Träger. Da blühte mit einem Schlag ein blutrotes Siegel auf, überm Herzfleck, während nach dem Kugelschlag, aufgrollend im Schall und Widerhall, der ermühte und ersehnte Schuß die spannungsgeladene Stille zerbrach. Der Bock mit dem Wundergehörn war weggetaucht, gnädig überspreitet von Zweigen und Ranken, die nur im Zittern der Blätter verrieten, daß zu ihren Füßen, im kühlen Moos, das letzte Fetzchen Leben eines Waldkönigs verlöschte.

Warnend kreischte ein Häher auf, als gleichzeitig von beiden Kanzeln, diesseits und jenseits des Schlages, die Brüder abbaumten. Der eine mit Glück im Gesicht, der andere mit pulverrußigem Büchsenlauf. Heinz kniete bereits an seinem Bock, andächtig das stolze Haupt mit der siebenzackigen Wunderkrone über den erloschenen opalblauen Lichtern in Händen, als Helmuth, sein „Rivale", mit glücklichem Bubenlachen auf ihn zutrat, den Bruch übers rote Todesmal zog und ihn dem erfolgreichen Schützen darbot. Sie fielen sich beide in die Arme und knallten sich ihre Freude und Sympathie gegenseitig so laut in die Schultern, daß sich der Tauber, den ein Schuß nicht vergrämen konnte, nun aber doch laut aufklatschend von seinem Tannenwipfel stob. „Bock tot" jubelte Helmuths Horn übers grüne Land.

Vorsichtig trugen die Brüder den gefällten Recken aus dem Schlag. Sie hatten ihn gerecht ins Moos gestreckt und rauchten eben genüßlich und aufgeregt erzählend die Erfolgszigarette, als der Alte plötzlich bei seinen Söhnen stand und sein Waidmannsheil dem Schützen in die Hand drückte. War das ein Berichten und wieder und abermals Erzählen, wie's der eine erlebte und wie's der andere beobachtete. Im lauten Eifer der Rückschau hatten sie gar nicht bemerkt, daß derweil der Vater begonnen hatte, mit sicherem, geübtem Schnitt und Zug aufzubrechen. Als die Söhne protestieren wollten, war's bereits zu spät, und der Jagdherr wischte schmunzelnd die schweißroten Hände mit dem Waidmesser am feuchten Moos sauber.

Es war eine fröhliche Heimkehr, der die Krone bei einem ausgiebigen Frühschoppen aufgesetzt wurde. Das ging so eine Weile munter dahin, da füllte der Alte nach, stopfte sich schweigend eine Pfeife, blies den ersten Baff nachdenklich durchs Gehörn des Examenbockes, das, frisch abgeschlagen, auf grünen Brüchen die Tafel krönte und meinte mit seltsamer Betonung: „Na ja, jetzt erzählst du uns mal, mein lieber Heinz, wie's wirklich war, vom Anfang an!" ... Schweigen lagerte sich über die Männer, so bleiern still, daß man die Wachslichter zu beiden Seiten der Trophäe knistern hörte. Dann, mit einer ruhigen Geste, nahm der glückliche Erleger das Gehörn seines Bockes auf und legte es mit einem verlegenen Lächeln vor seinem Bruder auf den Tisch: „Da, nimm ihn, Helmuth, eigentlich gehört er dir, ich, ich hab ihn dir nur abgegaunert!"

Staunen und Abwehr, fragende Blicke zum Vater, und Ratlosigkeit im Angesicht des Beschenkten. Da wischte der Vater mit einer abschließenden Geste einen unsichtbaren Tabakkrümel vom Tisch und blitzte unter seinen buschigen Augenbrauen heraus Heinz, den Landwirt, gemacht scharf an, mühsam seinen Spaß an der Sache verdrückend: „Dein Glück, du sauberer Zwillingsbruder! Du bauernschlauer, schlitzohriger Scheißhaufendoktor! Jetzt will ich's euch beiden mal genau schildern, wie das zugegangen ist mit Heinzens Waidmanns-duft."

Und er entwickelte Plan und Ausführung des Attentates gegen Dianens Entscheidung mit dem Los, als wär er dabeigewesen. Er vergaß weder die nassen Haare, noch die feuchte Badehose, beschrieb den Weg des gerissenen „Minenlegers", als hätte er ihn auf Schritt und Tritt begleitet.

„... und dann hast du dein Siegel hinterlegt, ein Siegel, das deinem Stande alle Ehre macht, das mich aber an deiner Qualität als guter Futterverwerter zweifeln läßt! Nun hört mal, ihr beiden, es steht nirgendwo geschrieben, daß der Einsatz von Schläue dem Jäger verboten sei, auch die Verwendung biologischer „Kampfmittel" widerspricht nicht dem Ehrenkodex der Jägergilde. Du hast deinem Bruder nun das Gehörn zur Sühne angeboten. Das ist Unfug und auch kein Ausgleich, denn immer wirst du der Erleger bleiben, und somit wird's immer und allezeit deine Trophäe sein und damit deine Erinnerungsbrücke. Nein, so geht das nicht. Dort wo du versagt hast, dort mußt du zahlen, das ist gerecht und pädagogisch richtig zugleich!"

Mit diesen Worten griff er nach der Gesäßtasche und langte Heinzens Examenknicker hervor. Grinsend legte er ihn Helmuth in die Hand mit der Bemerkung: „Nur recht und billig, daß dir Revanche geschieht. Der Namenszug mit dem H ist für euch beide der gleiche. Herz und Hirn haben auch die gleiche Initiale, das was sie tun, was sie denken, muß deshalb beileibe nicht immer das gleiche sein. Eines daraus euch beiden zur Lehre. Wißt ihr, wie man beim Hosenumkehren einen jungen Jäger vom alten Waldläufer unterscheidet? Der Junge trollt sich wie ein Fuchs vom Grenzstein, der Alte aber langt zuerst zur Messertasche, denn in der Regel liegt das Stilett rechts neben der Losung. Dein Waidmesser mit Initiale war die schönste Bestätigung der Urheberschaft dieses anrüchigen Planes – es lag rechts neben der Losung."

Da platzte der Überführte heraus: „Ja verd... nochmal, alter Herr, großer Häuptling, das hast du ja alles prächtig herausbekommen. Aber das mit der Badehose? Da phantasierst du doch! Bluff gilt nicht in der Verwandtschaft!"

„Na schön, wenn du's genau wissen willst, wo deine Bauernschläue versagt hat, dann mag uns unser Rechtsanwalt und Kriminalist folgende Fragen beantworten. Ist es üblich, daß ein junger Mann, ich betone junger Mann, dessen Ordnungssinn nicht besonders ausgeprägt ist, nach dem Baden die Bänder der nassen Badehose mit Mäschelchen zusammenbindet? Du schüttelst den Kopf, Helmuth, und ich gebe dir recht. Das macht nur Mutter, wenn sie das Badezeug zum Trocknen hängt und nachher aufräumt. Folgerung: Badehose war unbenutzt naß gemacht worden. Wer ins Wasser springt, der nimmt die Armbanduhr ab. Wenn also Heinzens Wildlederarmband naß war, wie ich's beim Abendbrot bemerkte, dann war er nicht im Wasser, wohl aber hat er mit den Händen etwas im Wasser getan. Ich gebe zu, dieses Indiz langt nicht aus, zusammen aber mit dem ersten, bestätigt es dieses."

Was war das für ein schönes Männerfest! Es wurde viel gelacht und gehänselt. Leere Flaschen in Zahl einer jagdstarken Treiberwehr drängten sich unterm Tisch, als man beschloß, unter Umgehung des Mittagessens der wohlverdienten Ruhe zu pflegen. Der Vater hob den letzten Schluck, und überm Becherrand hinweg setzte er den Punkt hinter die Ereignisse dieses Tages: „Vorher Rollmöpse essen, dann ist die Wirkung garantiert und hält auch bei Regen! ... Und ... wißt ihr, hätt' ich nicht als Ältester das Gut übernehmen müssen, ich wäre Rechtsanwalt geworden, Detektiv! Na —, daß ich dazu Anlagen habe, das habe ich euch bewiesen, mein' ich, oder etwa nicht?"

Beim Kopf beginnt der Fisch zu stinken

Ein plastisches Wort, eine drastische Wahrheit, den jungen Jägern oder denen, die es werden wollen, auf den Weg gegeben. Es soll besagen, daß ein übler Zustand, wie das Absinken des Niveaus einer Gesellschaft, das träge Schleifenlassen guter und bewährter Sitten, deshalb Raum gewinnt, weil an der Spitze der Verantwortung kein Einspruch erhoben wird. Mit anderen Worten: Wenn die Mutter das Abendbrot, in Zeitungspapier eingepackt, auf den Tisch klatscht, und man dabei das Bier aus der Flasche zu trinken pflegt, wird die Tochter es nie lernen, eine Tafel kunstgerecht zu decken.

Wenn der Bauer selber seine Rösser schindet und fluchend auf sie einschlägt, wird der Knecht bald ein gleiches tun.

Wenn ein Regierungschef die Gesetze seines Landes mißachtet, wird man vom Bürger nicht peinliche Beachtung des Rechtes erwarten können.

Und im Bereich der Jagd? Ein übles Bild ging vor Jahren durch die Tagespresse, auch eine Jagdzeitschrift hatte es veröffentlicht, zusammen mit der Reportage über die Diplomatenjagd in einem Hochwildrevier: Auf der Plattform eines Hängers lagen kreuz und quer die Kadaver gestreckten Rotwildes wie auf einem Schinderkarren. Läufe und Geweihstangen ragten da und dort über die Bordwand. Mit aufgerissenen Lichtern und heraushängendem Lecker starrte das Haupt eines jungen Hirsches aus dem Durcheinander erschossener Kreaturen. Man mag mir das bewußte Unterlassen jagdrechtlicher Bezeichnungen vergeben, es war wirklich keine Strecke und wahrhaftig kein erlegtes Wild, das man da zusammengekarrt hatte. Umringt war diese erbärmliche Schaustellung von zahlreichen Jägern, teils in Forstuniform, deren

Gesichtsausdruck deutlich machte, was sie wohl empfanden: Neugier, Abscheu, angewidertes Interesse, entrüstete Verwunderung. Wenn nun in einem solchen Falle der Jagdherr nicht mit einem Donnerwetter dreinfährt, weil seine Treiber und Jäger das gestreckte Wild wie Aas behandeln, dann — ja dann sollten sich Jäger und Gäste finden, die schweigend zugreifen, das Wild versorgen, wie sich's gehört, und durch die Tat die ignoranten Patronenverbraucher beschämen. Und das auf die Gefahr hin, daß es der Jagdherr übel vermerkt und als Kritik an seiner Jagdführung auffaßt, was es ja schließlich auch ist, denn der Jagdherr ist es, der bestimmt, verbietet, duldet oder schleifen läßt!

Alljährlich entlassen die Jägerprüfungen eine stattliche Reihe junger Hubertusjünger in die Freiheit der Reviere. Mancher engstirnige „Altjäger“ beobachtet mißbilligend diese Vermehrung der Jagdbeflissenen, der Jungen, die in zunehmender Zahl zur Büchse greifen, oder wenigstens greifen möchten, wenn sie könnten. Es ist hier nicht der Platz, dieses neidvolle Zweckdenken mancher Revierinhaber zu widerlegen, es ist nicht Ziel dieser Überlegungen, jagdliche Milchmädchenrechnungen ad absurdum zu führen. Es sei hier nur betont, daß wir gute, wohlerzogene, mit einem Wort gerechte Jäger nicht genug haben können, zumal dann, wenn sie die Zivilcourage aufbringen, gegen den Strom zu schwimmen, wo es notwendig ist.

Natürlich wird es vielleicht dem einen oder anderen übel genommen, verlacht man ihn als Grünschnabel und Besserwisser, wenn er sich in das ureigenste Geschäft des Jagdherrn korrigierend einmischt. Natürlich besteht die Möglichkeit, daß so ein tätiger Korrektor das nächste Mal nicht mehr eingeladen wird. Unter uns gesagt, das wäre in solchen Fällen wohl kein Unglück.

Es ist nicht die Zahl der Jahresjagdkarten und nicht die Größe des Revieres oder gar die Anzahl der erlegten Böcke und gestreckten Hirsche mitsamt „Nadleradel“. Allein die grüne Kinderstube entscheidet und scheidet — und das Herz am rechten Fleck!

Ich denke da an einen Obertreiber, einen Bauern in der Lüneburger Heide, der mit seinen Nachbarn eine Ehre darin sieht, alljährlich an einer großen Pachtjagd einmal zu treiben. Beim Legen der Zwischenstrecke war es, da brachte ein junger Bursch, ein Treiber, der offenbar das erste Mal dabei war, einen Hasen und warf ihn über einen Graben zur Strecke. Da nahm sich den der Bauer beim Schlips und sagte ihm kurz und knapp: „Wenn du mit die doute Kriatur umgeihst wie mit Dreck, dann hast du bei uns nix verloren. Noch oimoul, wenn ik dat sieh, un du bist dien Treiberstock lous!“ So ein Wort aus dem Munde eines Bauern und Treibers erzieht mehr als eine halbstündige, markige Ansprache am Namenstag unseres Schutzpatrons. So ein Erlebnis macht froh und nachdenklich.

Und ein anderes, am anderen Ende unseres deutschen Vaterlandes, in Oberbayern. Ich war Gast im staatlichen Forstamt Ruhpolding und durfte, eingeladen von dem damaligen Amtsvorstand, einem liebenswerten, gastfreien alten Herrn, einen B-Hirsch in der Brunft erpirschen. Trotz knapper Zeit und üblen Wetters gelang es meinem begleitenden Jäger, mich zu Schuß zu bringen, und an einem dampfenden Morgen hallte das „Hirschtod“ hinunter ins Tal, und der nahe Zirbenberg warf das Hornsignal hinüber zur Hörndlwand. Dann brachten wir auf einem Hörnerschlitten über Stock und Storren den Hirsch zu Tal, und mit dem Hirsch einen Fetzendurst. Was Wunder, daß ich in der Hütte angekommen, gleich ans Leberbraten und Flaschenkühlen ging. Ich war längst fertig und wartete auf den Jäger, der immer noch nicht zu Tisch kam. Schließlich suchte ich ihn und fand ihn im Pferdestall bei der Hütte. Mit entschuldigender Geste wies er auf den Hirsch, den er sauber auf ein grünes Lager von Fichtenzweigen gebettet hatte und meinte: „Es hat eine Weile gedauert, schließlich kann man einen braven Hirsch nicht auf der Stallbruck liegen lassen zwischen Dreck und Roßäpfeln.“ In meinem Jagdtagebuch vom 9. 10. 1955 steht darüber zu lesen: Respekt vor dem Wild, Achtung vor der Schöpfung, das macht den Waidmann aus, und da scheiden sich die Geister. Solange unsere Berufsjäger solches Herz aufweisen, fehlt's noch nicht weit! Sepp Kirchberger, Waidmannsdank“.

Diese Betrachtung am Rande einer ernüchternden Bildreportage über ein bedauerliches Ereignis — morgen könnte es sich in nächster Nähe, übermorgen in unserer Gegenwart ereignen —, hat nur den Zweck, euch, ihr Jungen, die Augen zu öffnen für das, wovon euch

keiner entbindet, wenn es in eurer Gegenwart geschieht, nämlich davon, zu beweisen, daß eure Reden über waidgerechtes Handeln und das rechte Jagen, wie ihr's vor der Jägerprüfung gelernt und bei der Prüfung bekundet habt, leeres Stroh bleiben, wenn ihr nicht immer und überall willens seid, dieses Wissen und Bekennen durch die Tat als eure Gesinnung zu beweisen. So wie Nächstenliebe der Tat bedarf und Freundschaft des greifbaren Beweises, so ist das Wort von der gerechten Jägerei und ihrem altehrwürdigen Brauch blutarmes, unglaubwürdiges Posieren ohne den immer wieder erbrachten realen Beweis korrekten Handelns und waidgerechten Tuns.

Ihr Jungen, deren waidfroher Weg seinen Anfang nimmt, laßt euch raten: Seid unbefangen gläubig und schätzt ein gutes Wort. Doch nur, wer handelt, wie er redet, dem leistet Gefolgschaft!

Erste Treibjagd – erster Zweifel?

Es war auf einer Treibjagd im Winter vor etwa zehn Jahren. Ein angesehener und bekannter Jagdherr hatte seine alten Freunde, Nachbarn und Kollegen geladen, darunter auch zwei Jungjäger, die im letzten Frühjahr ihre Prüfung bestanden hatten und nun ihren ersten Krummen schießen sollten. Die Begrüßung des Jagdherrn und seine einweisenden, hinweisenden, einschränkenden Bemerkungen endeten mit der Mahnung: „Meine Herren, daß ich's nicht vergesse, abgeblasen heißt Hahn in Ruh..., und nun guten Anlauf und Waidmannsheil!"

Das Treiben war angeblasen. Ich stand am Rand eines Geländebruches im lockeren Stangenholz, mein rechter Nachbar draußen im freien Feld. Der linke unten im Graben an einem Rinnsal vor einer Dickung aus Erlen, Birken und verkrüppelten Fohren war einer der beiden Neulinge. Er saß da auf seinem Jagdstock und bangte dem großen Ereignis des ersten Hasen entgegen. Das Treiben kam näher. Ich kenne kein Jagdfieber und schieße Bock oder Hirsch oder Gams mit völliger Gelassenheit bei kaum erhöhtem Pulsschlag. Wenn aber der Ruf der Treiber zu höchster Aufmerksamkeit mahnt „Hase voraus!" – „Hase nach links!" dann packt es mich wie das erste Mal, und ich stehe da gespannt wie ein Bogen vor dem Abschuß und meine, mit meinem Wunsch den Anlauf erzwingen zu können!

Überall knallte es, nur bei uns rührte sich nicht, und ich hätte doch so gern meinem jungen Nachbarn die Blume seines ersten Löffelmanns an den Hut gesteckt.

Das Klappern und Rufen verebbte allmählich, verschwieg. Dann tönte es herüber: „Hahn in Ruh", ein zweites Horn nahm es auf, ein drittes bestätigte das Ende des Bogens.

Ich entlud und blinzelte zu meinem Nachbarn hinunter, ob er das gleiche täte. Der saß starr da, rührte sich nicht, die Flinte steil

emporgerichtet, mit dem Schaft aufs rechte Knie gestützt und unbeweglich vor sich hin spähend. Da, ein roter Wischer in der Dickung, ein starker Fuchs stob heraus auf die freie Schneefläche, verhoffte kurz, schnürte dann, kaum zwanzig Gänge weit, den Graben entlang an meinem jungen Nachbarn vorbei und verschwand im Weidengestrüpp.

Jetzt erst kam Leben in meinen jungen Jäger. Er sprang auf vom Sitz, und mit vor Aufregung zitternder Stimme rief er herauf zu mir: „Ha — Haben Sie das gesehen? So ein schlauer Kerl! Ein prächtiger Bursche! Und so lang hat sich der gedrückt!“ Nun erst entlud er und warf die Flinte über die Schulter.

Ich freute mich über diesen Jungen, über seine Disziplin und seine jagdliche Fairneß. Kam ihm da sein erster Fuchs, und er ließ ihn passieren —, einen Fuchs — man bedenke, und wenn ich ehrlich sein will, ich weiß nicht, ob ich mich ähnlich in der Hand gehabt hätte.

Rauchend und das Erlebnis beredend, gingen wir zum Sammelplatz, zur Zwischenstrecke.

Dort erzählte der Junge natürlich aufgeregt abermals, was sich ereignet hat. Darauf der Jagdherr: „Na und —? Warum haben Sie nicht geschossen?“ „Aber es war doch schon abgeblasen.“

Da ertönte eine Stimme aus der Runde der Jäger: „Mensch, was bist du für ein Esel, läßt einen Fuchs passieren, weil abgeblasen ist, ja, gibt's denn so was?“ Und lachend stimmte man zu und ging kopfschüttelnd zum nächsten Bogen.

Ratlos und mit roten Ohren stand mein junger Freund da und verstand die Welt nicht mehr. Dann wandte er sich an mich: „Ja, aber wir haben's doch so bei der Jägerprüfung gelernt. Wenn abgeblasen ist, wird keinesfalls mehr geschossen. Und jetzt ist das falsch, und ich hab' was verpatzt, jetzt kenn' ich mich nimmer aus.“

Ich ging wortlos zur nächsten Kiefer, brach einen Bruch und reichte ihn dem guten Kerl, der für seine saubere Verhaltensweise nur Hohn geerntet hatte, auf des Knickers blankem Blatt: „Waidmannsheil! Den haben Sie zumindest so ehrlich verdient, wie wenn Sie den roten Schlaukopf, Ihren ersten Fuchs, mit einem guten Schuß in den Schnee geworfen hätten.“

Zögernd und dankbar nahm er den Bruch, steckte ihn mit frohem Lächeln in seine Brieftasche und meinte mit unbeholfener Geste: „Auf den Hut steck' ich mir ihn nicht, das würden die da nicht verstehen, aber aufheben will ich ihn mir gut.“

Wohl endet mit der Jägerprüfung die Schulung. Die Erziehung aber beginnt mit ihr und mit unserem Beispiel im Revier! Mit unserem Beispiel, dem Vorbild oder Fehlbild der Alten.

Ich sann noch lange dieser Begebenheit nach und fragte mich am Schluß, ob denn alle Erziehung zur korrekten Jägerei und gerechtem Waidwerk überhaupt einen Sinn hat, wenn die Alten, deren jagdliche Reife mit dreißig Jahresjagdscheinen ab und an lauthals „bewiesen“ wird, wenn die nicht begreifen können, daß dieser Junge da schlechthin vorbildlich gehandelt hat und volles Lob verdiente? Antwort: Ja! unbedingt und jetzt erst recht! Denn Alter ist nur beim Wein ein verläßliches Gütezeichen.

Der Notabschuß

Wieder einmal war sie da, die Zeit, die mir die liebste ist im Jagdjahr, die hohe Zeit des Gratwildes, die Gamsbrunft.

Mit einem Jäger aus Hannover war ich Gast bei meinem väterlichen Freund Hans in seinem Vorarlberger Gamsrevier. Ein strahlender Novembermorgen zog uns bergan von der Talstation in Bings zur Jagdhütte. Unsere Begleiter waren der alte Jäger Meier, genannt Schnauzmeier, wegen seines Schnauzbartes, und der junge Revierjäger Ingo.

Nach kurzem Imbiß litt es uns nicht länger in der Hütte, wir wollten hinein ins Geschröff, um wenigstens noch da und dort Gams in Anblick zu bekommen und womöglich einen schußbaren Bock auszumachen.

Streichhölzer sollten entscheiden. Ich zog das längste und machte mich mit Ingo auf den Weg zu den „drei Türmeli", während die anderen beiden einem Steig folgten, der in die „zahmere" Hälfte des Reviers führte.

Voll Erwartung stiegen wir an, über Gräben und Schotterzungen, durch Bannwaldreste und Blockhalden, bis vor uns, strahlend in gelbem Weiß gegen den blauen Berghimmel, die prallen Wände des großen Turmes aus dem Gries emporwuchteten. Beide standen wir eine lange Weile gefangen vor diesem Urbild der Gewalt, Ruhe und Schönheit des Hochgebirges. Allmählich meldete sich allerdings wieder der Jäger in uns, und unser staunendes Betrachten wurde zu suchendem Mustern. Wir prüften Stein um Stein, Stand um Stand, Kante um Kante, ob nicht ein schwarzer Fleck, schwärzer als die Schatten im Geschröff, zur Gams würde.

Da stieß mich der Jäger an und deutete gegen das Kar, das zwischen Turm und Wand zur Scharte emporführte. „Gams! Droben im Schartl!" Ja, da zog faul und behäbig ein starker Bock an der Rinne hinauf, und oben stand ein zweites Stück auf der

Schneid, vertraut zurück äugend. Mit dem Spektiv kam uns das Bild zum Greifen nah. Was für ein Bock“ „Aah – lueget Sie den Bart!“, stöhnte verzückt mein Begleiter. Das war aber auch ein Bart. Silbern grau und kohlschwarz schüttelte es bis hoch ins Blatt und an die Schlögel. Dieser Bart *stand* nicht mehr, sichtbar vom Wind aufgestellt, der *hing* seidig vom Aalstrich und glänzte in der Sonne. Der Bock muß her, war unser beider spontaner Entschluß. Er zog bergwärts seiner Geiß nach. Hinter der Scharte hatte dieser Wechsel aber ein Ende, dort begann die glatte Wand. Wohl würde er sich da mit seiner Geiß in der schattigen Nordseite niedertun. Irgendwann aber mußte er wiederkommen, und darauf bauten wir unseren Plan.

Der Bock verschwand, etwa vierhundert Meter entfernt, hinter einer Kante und tauchte in den Schatten des großen Turmes. Wir pirschten näher heran und fanden unweit vom Schartel, durch das er wieder kommen mußte, einen großen Block, der uns nach oben deckte und nach unten herrliche Sicht über unzählige Schroffen, Klippen, Almböden und Spitzen gewährte.

Dann machten wir es uns bequem. Die Spektive wurden bereitgelegt, die Büchse sauber griffgerecht, dann hockten wir uns hinein ins sonnendurchwärmte Gestein und faßten uns in Geduld. Es wurde allmählich Nachmittag. Aus den Tälern stiegen Nebelschwaden, krochen empor, sich findend und wieder trennend, und bildeten allmählich einen weiten Wolkensee, aus dem die einzelnen Grate und Felsköpfe emporragten, lange blaue Schatten auf das strahlende Gewoge zeichnend.

Was tut man, wenn man sich zum Warten entschieden hat? Da wird jede Kleinigkeit interessant, jeder Vogel, jede Maus, jede Blume der Betrachtung wert. So lümmelte ich da in meinem steinernen Klubsessel und musterte die Schattenseite des quer verlaufenden Rückens, wo die ungewöhnlich warme Spätherbstsonne den Schnee noch nicht wegzulecken vermocht hatte. Da gab es Latschenfelder, Weidenbüsche, felsige Stufen und – Gams. Ja, da stand ein Rudel Gams und naschte vertraut an der kargen Äsung. Nacheinander nahm ich mir sie vors Glas. Da ein vielversprechender junger Bock, dort eine alte Tante mit endshohen Schläuchen, offenbar die Leitgeiß, gewiß mit Kitz, noch ein munterer „Halbstarker“ und

eine junge Geiß mit zwei Jahrlingen. An dieser Geiß blieb ich mit den Augen hängen. Sie war schwächer im Wildbret als die anderen und stand immer auffallend lange an einem Platz. Dabei hatte sie ihre Vorderläufe immer so gestellt, daß sie aussahen, als wär's nur einer. Spektiv raus und in Ruhe einmal gründlich angesprochen. Da stand sie wieder, die Geiß, nun das Blickfeld ausfüllend, da und dort nahm sie ein bißchen Äsung auf, verhielt weilchenweise unentschlossen und zog dann einige Schritt weiter, aber so seltsam schaukelnd und humpelnd, als hätte sie eine Vorderlaufverletzung. Verletzung? Die hatte ja nur einen Vorderlauf! „Ingo, da drüben steht eine junge Geiß, die hat nur einen Vorderlauf." „Gibt's nit, die müßt ich kennen", meinte der Jäger, zog dann aber doch sein Spektiv auseinander und saugte sich an dem Bild fest. „Tatsächlich, ja wie ischt das möglich? Die hab' ich noch nie gsehe."

„Ingo, die Geiß muß her, bevor der Winter kommt. Jetzt interessiert mich der beste Bartbock nimmer", meinte ich und suchte mir einen Platz für Rucksack und Mantel als Auflage, klemmte mich dahinter und schob die Büchse ins Ziel. Der Jäger hatte sich bereits neben mich gelegt, hatte das Glas am Auge und war ganz einverstanden mit meiner Absicht. Sauber hatte ich die Geiß im Zielfernrohr und faßte das Blatt. Zur Kontrolle stellte ich, wie ich dies meist tue, noch über den Schaft hinweg an den Jäger die Frage: „Wie weit?" „Garnit weit, höchstens 150 Meter", meinte der.

„Kann nicht stimmen, um hundert mehr!"

„Ausgeschlossen, ich kenn's doch da."

Gegen dieses Argument mußte ich verschweigen. Im Zweifelsfall hat von dreien zuerst der Hund, dann der Jäger, zuletzt der Jagdgast recht.

Ich fasse also etwas tiefer Blatt, und wie der Zielstachel ruhig stand in der schwarzen Decke, ließ ich fliegen. Im Knall sah ich unter der Geiß Stein aufstäuben, und im Widerhall riß das bergwärts flüchtige Rudel die dreiläufige Geiß mit, die nun in erstaunlich weiten und sicheren Fluchten nachsetzte, dabei den einzigen Vorderlauf genau unter den Stich setzend. Da saßen wir beide und sahen uns dumm an. „Ingo, das war weiter als 150, das waren über 250 Meter. *Gegen* das Licht schaut die Entfernung immer näher aus." Kurz und gut, es entspann sich ein freundschaftlicher Streit um die Distanz, und keiner wollte nachgeben. Dann entschied ich: „Ingo, hingehen und abschreiten, dann wissen wir's." Er stolperte los in Meterschritten den Geröllhang bergab, 120, 130, 150, 200 hörte ich ihn laut zählen, und beim letzten kratzte er sich hinterm Ohr und schaute zu mir herauf wie ein Dackel. Dabei war er erst am Fuß des Rückens, in dessen Flanke die Geiß gestanden hatte. Kurz und gut, es waren dann eben doch gute 250 Meter, und ich hatte unterschossen.

Ingo stand beim Anschuß, winkte ab, ging aber dann weiter, um die Kante des Rückens zu erreichen und um vielleicht Einblick zu gewinnen, wohin das Rudel geflüchtet war. Endlich stand er auf der Kante, als Silhouette gegen den Himmel. Im nächsten Moment aber lag er auf dem Bauch, spähte bergwärts in die andere Flanke des Felsrückens und winkte mir schließlich nachzukommen. Ich packte Stutzen, Bergstock und Glas und sprang die Halde hiunter. Bergauf ließ ich mir Zeit. Schließlich wollte ich schießen können, und da taugt ein fliegendes Geschnaufe nicht. Vorsichtig schob ich mich neben Ingo. Da stand das Rudel äsend im Geschröff und meine tapfere dreiläufige Geiß auf einem Felsköpfel, frei wie auf einer Ehrenscheibe. „Wie weit Ingo?“, meinte ich und schob den Schaft langsam ein. „Ja diesmal ischts sicher 200 Meter“, meinte er. „Nein, höchstens 150, mit der Sonne schauts bloß weiter aus. Diesmal schieß ich nach meinem Maß!“ Der Zielstachel saß im Blatt, und im Stoß des Schusses warf es droben die Geiß von der Kanzel. Durchladen, warten, nichts rührte sich mehr. Weit dahinter verschwand klappernd und steinelnd das flüchtige Rudel. Tief aufschnaufend erhoben wir uns.

Ich schmunzelte in mich hiein, als Ingo, diesmal leise für sich, die Schritte zählte bis zum erlegten Stück. Nach 150 Schritten lag sie da im Almrosenkraut, und hellroter Schweiß netzte wie Blüten das winterliche Geästel. Eine junge schwache Geiß. Wir standen beide angerührt eine gute Weile da und hatten so unsere Gedanken. Die beiden Jährlinge, die immer in ihrer Nähe waren, mochten ihre vorjährigen Kitze sein, und damals dürfte sie aus irgendeinem Grund — Steinschlag oder Sturz — ihren rechten Vorderlauf verloren haben, denn wo einst der Vorderlauf war, dort war die Decke geschlossen und zugeheilt, als hätte nie ein zweiter Lauf existiert. Kein Stummel, kein Rest war verblieben. Aus dem Schulterblatt herausgeeitert und abgestoßen wurde der zerschmetterte Knochen, und die Decke schloß sich schließlich mit einer schwarzen hornigen Wucherung, ähnlich der Afterklaue eines Pferdes. Wie hart und tapfer ist so ein Geschöpf der Wildbahn des Hochgebirges, das mit dieser Verletzung Äsung sucht und vielleicht auch noch Kitze säugt!

Ingo versorgte die Geiß, ich holte inzwischen die Rucksäcke.

Dann stapften wir zurück zur Hütte im munteren Gespräch, wie das so Brauch ist, wenn alles schön geklappt hat.

Wie ich so den Grind der jungen Geiß aus dem Rucksack ragen sah – an und für sich betrachtet unweigerlich ein knallroter Punkt – kam mir der Gedanke, zunächst einmal auf der Hütte ein wenig Theater zu spielen. Gesagt, getan. Die zweite Partie war bereits vor uns zurückgekehrt. Der Schnauzmeier aber hatte unsere Schüsse gehört und stand nun, da er unsere Nagelschuhe trappen hörte, vor der Hütte und spähte nach dem vollen „Rucksack" und dem Bruch am Hut.

„Waidmannsheil!" rief er uns entgegen, „ischts was G'scheites?"

„Sauberes Waidmannsheil", entgegnete ich mit verbiesterter Miene. „Was Gscheites? – ja Schnauzmeier, schauen's Ihnen diese ‚g'scheite Sauerei' einmal an!"

Grantig packte ich die Geiß aus, streckte sie und hielt dem alten Jäger die „Backfischkrucken" entgegen.

Nun erlebte ich etwas, was mir unvergeßlich bleiben wird. Eine Lehre, wie sich ein Mann, der Takt hat und Herzenbildung, verhalten soll, wenn es darum geht, Unabänderliches hinzunehmen und den guten Willen über den schlechten Erfolg zu stellen. Was nun der alte Revierjäger für Gründe zusammensuchte, um mich, den er gerne mochte, zu trösten und den Fehlabschuß zu beschönigen, war so von Nachsicht und Güte geprägt, daß ich mir dachte, was bleibt uns „Gebildeten und Studierten" da zu lernen von jenen, die ein unverbogenes Herz gegen unser „zivilisiertes Innenleben" in die Waagschale werfen können!

„Ja 's ischt halt a Geiß, ja, a junge Geiß, ja, a aber schauen's die windige Auslag, so was lausiges, kaum die schmale Hand bringst da rein! Die wär zeitlebens nie Mutter von guten Böcken geworden! Ja –, und dann Geißen müssen ja auch geschossen werden, – und nit bloß alte Geißen – im Gegenteil! Die alten braucht das Rudel zur Führung, und dann, schauen's bloß, wie dünn die Schläuch sind und wie schwach der Träger, das ischt scho was Rechtes, freilich, a Bock ischt a Bock, aber Geißen müssen auch geschossen werden ..."

So und ähnlich ging es weiter, und dabei log sich der gute Alte unentwegt mit wachsender Begeisterung in die eigene Tasche. Fasziniert von den Krucken und deren Deutungsmöglichkeit, hatte er einfach nicht gemerkt, daß da ein Vorderlauf fehlte!

Ingo grinste hinter seinem Rücken, und ich konnte meine zerknirschte Miene auch nicht mehr länger im Zaum halten. Drum meinte ich dann, ehe es uns beide zerriß, nach einer Viertelstunde Plädoyer der Verteidigung: „Ja, und fehlen tut ihr außerdem ein Trumm. Hast no nix gespannt Schnauzmeier?"

„Ja, was wär denn das? Oh, ihr Loder, jetzt habts mi sauber angeschmiert! Da fehlt ja der Vorderlauf! ... das ischt ja a Notabschuß! Da gratulier i aber! Waidmannsheil"

Den Stein, der dabei meinem guten alten Schnauzmeier vom Herzen gefallen sei, den habe man, so erzählte man mir später, noch in Bludenz poltern hören.

Der Grenzbock – einmal ganz anders

Warum in aller Welt war denn früher zu Vaters Zeiten alles besser mit der Jagd? Mehr Hasen, mehr Hühner, bessere Jäger, tüchtigere Hunde, stärkere Böcke, Flinten mit besserem Brand und weiß Gott was alles noch. Natürlich auch eine bessere Blattzeit. Ich hab' mir da so manchmal meine Gedanken gemacht, ob denn das wirklich so gewesen ist, das mit der guten Zeit von vorgestern, wo alles besser war. Da und dort mag es wohl schon zutreffen, aber der Kern des Wandels zum Schlechteren, dem so vieles in der Jägerei von heute unterworfen ist, liegt doch wohl im krankhaften Mangel an Zeit, der uns wie eine Faust im Genick sitzt und dem, der sich ihm ergibt, kein Leben mehr erlaubt, sondern nur noch ein Ableben.

Wenn man nun heute, auf die Frage nach dem Verlauf der Bockbrunft, fast immer zur Antwort bekommt: „... ganz schlecht, ganz faul, gesprungen sind sie überhaupt nicht aufs Blatt ...“, so hängt wohl einiges vom Wetter ab, vom Vollmond genau um diese Zeit, vielleicht auch von der früh einsetzenden Ernte. Ein Großteil aber auch, das möcht ich wetten, vom Mangel an Geduld, der uns Jägern von heute eigen ist. Wir bilden uns ein, um die und die Zeit ist Hochbrunft, da müssen sie antanzen, basta. Wenn nun das Benehmen der Böcke mit unserem vorgefaßten Zeitplan nicht übereinstimmt, so reden wir von einer faulen Brunft. Ich nehme mich selbst dabei nicht aus, denn auch ich finde nicht mehr die Zeit, die mir als jungem Forstassistenten selbstverständlich war. Ich pflege nie vor dem ersten August den Blatter zu benutzen, ein Grundsatz, der den Fehler eben aller Grundsätze hat, nämlich den, manchmal nicht zu stimmen. So dürfte es heuer gewesen sein, und gerade das gab dieser Geschichte die Würze:

Der Forstbeamte, zu dessen Aufsichtsbezirk mein Pachtrevier

gehörte, ein Waidmann mit Instinkt und hoher jagdlicher Praxis, das gibt es heut noch bisweilen bei der Forstpartie, kam eines Tages mit der aufregenden Mitteilung: „... ich weiß einen Bock für Sie, einen Bock sag ich, den müssen Sie schießen, einen ungraden Achter, einen Dreistangenbock! Auf der Hutweiherwiese steht er, das wär wenigstens einmal was Gescheites nach all dem Geraffel, das Sie da Jahr für Jahr auf die Decke legen!"

Er strahlte übers ganze Gesicht und freute sich ehrlich, daß er mir die gute Nachricht bringen konnte. Ich merkte aber auch gleich, daß diesen Bock zu strecken für mich nicht nur Waidmannsfreude werden sollte, sondern bereits Ehrensache geworden war, und daß ein Versagen meinerseits dem guten Forstwart Z. das Kraut restlos verhageln würde. Sollte der Bock bei einem meiner Nachbarn fallen — bei zweien wäre dies durchaus möglich gewesen —, dann hatte ich, das war mir klar, meinen Ruf als Jäger, wie man bei uns drastisch zu sagen pflegt, restlos ver ... spielt.

Was also tun? Zunächst wollte ich ihn mir ja schließlich ansehen, mich ihm vorstellen. So saßen wir vorerst gemeinsam auf der Hutweiherkanzel. Vergebens. Dann jeder für sich, mit dem Erfolg, daß mein Gefährte wohl Anblick hatte, den Traumbock zu Gesicht bekam, und ich mir vergeblich Schwielen an den Spiegel hockte.

Dann nahm ich Urlaub, denn diesmal wollte ich zur Brunft im Revier sein. Da vor dem 15. Juni in meinem Revier kein Bock geschossen wird — auch eines dieser schon erwähnten Prinzipien —, kam ich immer noch zurecht zum Waidmannsheil, wenn ich in der zweiten Junihälfte von der „Jagd nach guten Forellen" aus der Steiermark zurückkehrte. Forstwart Z. raufte sich über dieses sträfliche Verhalten seines Chefs Haar und Gamsbart und machte seiner Verzweiflung einem Kollegen gegenüber, wie ich später erfuhr, in saftigen Worten Luft: „Sooo einen Bock, da geht der auf Urlaub! Auf Urlaub! Wirst sehen, den kriegt er nimmer! Und so ein Bock! Ja, gibt's denn sowas." So und ähnlich mochte seine empörte Klage geklungen haben, während ich in Wathosen in der Traun stand und prachtbunten Forellen delikate Fliegen anbot.

Kurz nach meiner Rückkehr saß ich auf jener Kanzel, die mir die aussichtsreichste schien, und hatte unter der tief ins Gesicht gezogenen Hutkrempe unruhige, wache Augen. Eine Stunde verging, eine zweite, als aus der Dickung ein Schmalreh ins Altholz zog, glatt und proper und Glanz in der kupferroten Decke. Es naschte da und kostete dort und bummelte so äsend einen Steinwurf weit an meiner Lauerstellung vorbei. Mit einem Mal stand da ein Bock, wo der Wechsel ins dunkle Fichtengestänge eintauchte, und tat unschlüssig. Ein jüngerer Bock mit frischem Benehmen und buntem Gesicht. Gesicht? Was war da im Gesicht? Da stimmt doch was nicht? Der Bock fuhr mit einem Male mit gesenkter Stirn gegen eine starke Kiefer und plätzte, daß Beerkraut und Moos durch die Hinterläufe stoben. Dann rieb er mit genüßlich geschlossenen Lichtern behaglich den Träger an der groben Borke. Ich hatte längst das Glas am Auge und wartete, bis sich mir die Krone zur genauen Betrachtung darbot. Endlich verhielt er einen Augenblick lang, tatsächlich! Eine Stange, die linke, eine Sechserstange — aber kümmerlich —, die rechte als Pendelstange mit einem hochstrebenden Zacken... Sollte er das sein? Sollte das der Kapitale von der Hutwiese sein? Daß sich der Forstwart getäuscht haben sollte? Eigentlich undenkbar. Sagte er nicht etwas von der linken Stange, die gebrochen sei, und von der rechten als einer gut vereckten Sechserstange? Jetzt wollte ich's genau wissen. Während ich in bedächtiger Eile nach meiner Büchse langte, hatte der Bock etwas anderes vor als zu sterben. Mit einem Mal riß es ihn herum, er hatte offenbar erst jetzt Wind von dem Schmalreh bekommen, jäh stürzte er mit Gekeuche auf die abspringende Geiß los, unter meiner Kanzel durch ging die Flucht, und schon wurden beide von der dämmrigen Dickung verschluckt, ein letztes Prasseln und Knacken und Schluß. Weit treibt der Bock nicht in diesem großen Jungwuchs, überdies war's wohl mehr Spielerei, und dann kommt er wieder, und wenn dann noch genug Büchsenlicht ist...

Und er kam zur Zeit und langte nach ein paar Traubenkirschenknospen, als ihn Knall und Todesstoß hochschleuderten, und er in blindem Fluchtbogen das schützende Dickicht zu erreichen suchte. Unter den schirmenden Ästen der ersten Randfichte stürzte er in die letzte Nacht.

Ich kniete vor dem verendeten Bock und betrachtete im letzten Licht des Tages das Gehörn. Er war es, bloß seitenverkehrt und viel schwächer — also war er's nicht! Das bestätigte dann auch

Forstwart Z., der mit der Freude über die interessante Trophäe nun aber erst recht die Forderung erhob, daß der Richtige fallen müsse.

Nun beschloß ich, mich an meinen Nachbarn zu wenden. Ein bewährter, guter Nachbar, aber er schläft auch nicht, und vielleicht hängt der Ungerade längst an seiner Wand, was ich ihm, ohne schrägen Gedanken, von Herzen gegönnt hätte. So rief ich denn meinen Reviernachbarn an, wie das unter guten Anrainern üblich sein sollte, und erklärte ihm, daß nahe der gemeinsamen Grenze vor meinem Urlaub ein abnormer, ungerader Achter seinen Einstand gehabt habe, der nun verschwunden sei. Da inzwischen ein jüngerer Bock des Alten Domäne bezogen habe, wäre es möglich, daß er ausgewechselt und längst jenseits meiner Grenze in den Getreidefeldern auf Freiersfüßen ziehe, oder gefallen sei. Für diesen Fall könne ich mir viel Mühe sparen und mich einem anderen Bock zuwenden. Die Antwort war negativ. Es sei ein Bock, wie von mir beschrieben, im besagten Grenzabschnitt weder von ihm, noch von einem seiner Jagdfreunde bestätigt, geschweige denn geschossen worden. So pirschte und lauerte ich denn weiter hinter dem Phantom des Abnormen her, ohne ihn zu Gesicht zu bekommen. Nun verweigerte er auch dem ratlosen Reviervater den Anblick. Er war verschwunden.

Da rief mich Ende Juli mein Nachbar an: „... also den Dreistangenbock habe ich gestern gesehen. Wo unsere gemeinsame Grenze einen Vorstoß in mein Revier macht, auf einem kleinen Kleestreifen konnte ich ihn einwandfrei ansprechen. Es war allerdings von meinem Platz sehr weit.“ Ich bedankte mich für den Anruf und meinte dann, beim nächsten Mal möge er doch fliegen lassen, denn der Glücklichere führt eben die Braut heim. Die Erwiderung auf diesen Hinweis war typisch für meinen Nachbarn und bezeichnend für unser Verhältnis: „Das kommt ja gar nicht in Frage! Den Bock schießen Sie bei mir herüben, wenn Sie ihn im eigenen Revier nicht mehr antreffen. Wenn Sie sich auf diese Leiter setzen, die in einer dreigegabelten Kiefer steckt, dann mein ich, müßte ...“ Dann kamen noch eine Reihe Ratschläge und Details, und als ich ihn von seinem Plan abbringen wollte, wurde er beinah ärgerlich. Schließlich meinte ich: „Lieber Herr S., wissen Sie, ein solch nobles Angebot hat in unserer Zeit Seltenheitswert. Ein solches Geschenk abzulehnen, käme einer Beleidigung gleich, das darf man nicht. So nehme ich an mit Waidmannsdank und will mir Mühe geben, Ihren Wunsch zu erfüllen."

Das war nun ein Danaergeschenk! Einmal getrieben von der Dankespflicht meinem Forstwart Z. gegenüber, für den mein Versagen einer Kränkung gleichkäme. Zum andern war's Ehrensache, des guten Nachbarn vornehmes Geschenk durch Erfolg zu würdigen, und außerdem, so war es ja auch nicht, daß ich den Gespensterbock nicht brennend gern vor dem Zielstachel gehabt hätte.

Also ging ich's denn an im fremden Revier, einmal auf diesem, einmal auf jenem Hochsitz die Lage prüfend und in der Hoffnung, den Sagenhaften endlich einmal wenigsten in Anblick zu bekommen. Es waren wunderbare Stunden, die ich da verbrachte, einmal von Mücken vernagelt, einmal vom Regen vertrieben, ein andermal vom Sturm fast aus der Krone des Leiterbaumes geschüttelt wie eine reife Birne. Alles vergeblich. Vergeblich? Keineswegs. Der Waidgesell jenseits meiner Reviergrenze wußte gar nicht, was er mir da durch die Erlaubnis, bei ihm jagen zu dürfen, an Schönem geschenkt hatte. Nur an die Enge eines reinen Waldbezirkes gewohnt, ohne Fernblick, ohne Felder, hat das Schauen über die Weite der Fluren und Feldgehölze, den schwingenden Linien der Raine und Wege folgend, etwas ungemein Reizvolles. Und was gab es da alles zu sehen. Ein Falk rüttelt spähend über einem frühen Stoppelfeld und prüft die Speisekarte unter sich. Junge Krähen vom letzten Mai stolzieren die Hecke entlang, mit schrägem Kopf nach Beute spähend. Sie üben an Heuhüpfern und Eidechsen, was sie im nächsten Jahr an Fasan- und Rebhuhnküken können müssen. Weit drüben steht ein Bussard mit gespreizten Schwingen über einer geschlagenen Maus und läßt sich durch den jungen Bauern nicht stören, der nahe dabei den Abendklee mäht und mitten drunter seiner hübschen Frau, die zusammenrecht, einen langen, langen Kuß auf den Mund setzt, wohl aus lauter Begeisterung über den schönen Tag und seinen jungen strahlenden Ehestand. Ein gutes Bild, diese bildsaubere Frau von herber Schönheit, kupferbraun im Abendlicht mit ausnehmend schlanken Händen. Das alles bietet das weite Bauernland dem gelassenen Betrachter, vor allem, wenn er ein Spektiv dabei hat, und ich beziehe auch im Tiefland seit nunmehr einem Dutzend Jahren keinen Hochsitz ohne mein Vierzigfaches.

Ob sieben- oder vierzigfach, sehen kann man trotzdem nur, was da ist. Ich sah Geißen mit ihren Kitzen, Lausbubenböcke und Schmalrehe, einen prahlenden Sechser mit Muffelfleck und einen jungen Gabler, dem der Bast an die Stangen getrocknet war. Meinen Heimlichen erspähte ich nicht.

Bei der nächsten Begegnung im Revier antwortete ich auf die stumme Frage des Forstwartes Z.: „Sie können sich drauf verlassen, wenn ich ihn zu Gesicht bekomme, dann stirbt er!" So ähnlich mußte es Alexander dem Großen zumute gewesen sein, als er hinter seinem vorstürmenden Heer die Brücke über den Hellespont verbrennen ließ. Wenn ich ihn wenigstens einmal gesehen hätte...

So kam die hohe Zeit um den 8. August, bei uns normalerweise Höhepunkt der Bockbrunft. Es war nach einer Reihe brandheißer Tage und schwüler Nächte ein wenig Abkühlung eingetreten. Am nächsten Morgen vor Tau und Tag wollte ich wieder einmal, zum siebenten Male, meine dreiarmige Föhre beziehen. Manchmal will man zwar, aber im Grunde möchte man doch anders, und da ich mich immer auf meinen Instinkt mehr verlassen habe als auf meinen Verstand, strebte ich zum Abendansitz, fast möchte ich sagen mehr der Pflicht genügend, als in besonderer Erwartung eines Erfolges.

Am Weiherdamm, in meinem Revier, stellte ich den Wagen ab, ermahnte meinen guten Terrier, schön brav zu sein und mir „Daumen" zu halten, schulterte die Bockbüchse, Wetterfleck und Spektiv und strebte der freundlichen Grenze zu. Ist ja doch wieder umsonst, hast ja bestimmt dein Waidmesser in der Wagentürtasche stecken lassen, und Jagd ohne Messer taugt von vornherein nichts. Umkehren? Das wäre zweimal verkehrt. So ist das bei uns Jägern, auch bei denen des Atomzeitalters. Es gibt Dinge, die dürfen eben nicht passieren, soll der Waidgang Strecke bringen. Es gibt auch bestimmte Hüte, mit denen man immer Anlauf und Erfolg hat, andere, wo's nie gelingt. Auch ist es dem vollen Rucksack höchst abträglich, ein eben frisch gewaschenes Hemd zu tragen, und mit leerer Messertasche, da ist es besser, gleich daheim zu bleiben.

Mit solchen und ähnlichen Gedanken beschäftigt, hatte ich die Leiter erreicht und baumte auf. Da blieb ich an was hängen, das zerrte am rechten Hosenbein –, es war mein Nicker, der sich hinter einem dürren Ast verklemmt hatte. Er war also doch da, und ich hatte ihn nicht vergessen. Ja, Herrschaftseiten, da könnt' ja noch alles gut gehen!

Mit glücklichem Behagen schob ich mich auf den Sitz, verblendete meine Gestalt nach vorne mit dem grauen Wetterfleck, richtete das Spektiv griffbereit, lud sorgfältig meine Bockbüchse, stellte das Zielfernrohr auf 4× und hatte nun Zeit, denn ich war bereits drei Stunden vor der Dämmerung an Ort und Stelle.

Weit im Halbkreis, über Feldbreiten und Staudenriegel, schweifte mein Blick, ausgehend und zurückkehrend vom Waldrand über der rechten Schulter, wo in meinem Revier die Waldabteilung „Hut", der von mir vermutete heimliche Einstand des Unsichtbaren, nahe an die lockeren Grenzgehölze des Nachbarn heranrückte. Eine kleine Remise aus Birken und Kiefern, dahinter das saftige Geviert eines Kleeschlages, einen Büchsenschuß ab vom Wald. Wenn ich der Bock wär', das wäre mein bevorzugter Stammtisch. Wenn ich der Bock wär' ... Schließlich war noch Zeit für eine Zigarette. Die blauen Rauchfäden standen feldwärts gegen die sich neigende Sonne. Halb geraucht, löschte ich den Glimmstengel und klemmte ihn zwischen Baumrinde und Rückenlehne, behutsam und bedächtig und mit dem Gedanken, vielleicht brauchst du die zweite Hälfte noch, nach dem Schuß.

Sirrend und flimmernd neigte sich der Sommertag der sonnenwarmen Erde zu. Ein Krummer, der verspielt zu Felde rückte, schob seinen grotesken, langbeohrten Schatten vor sich her, hinter mir aus dem Stangenholz miauten junge Sperber, ein Hühnervolk rief zum Sammeln, und ins Gebetläuten aus dem Dorf hinter den erntegoldenen Weizenwogen rollte ein Zug. Ich war etwas in mich zusammengerutscht, erfüllt vom Schauen und von der Pracht dieses strahlenden Sommerabends. Langsam löste ich meinen Blick von einer Schwebfliege, die griffnah vor meiner Nasenspitze wie ein Stück Bernstein unbeweglich in der Luft stand, und ließ ihn wieder einmal hangwärts zum Wald hinwandern. Ein tomatenroter Fleck leuchtete da mitten im Kleegeviert. Ein sauberes Schmalreh. Mit dem Spektiv holte ich mir's heran. Es muß mir schon sehr pressieren, wenn ich's mal unterlasse, einem Schmalreh zuzusehen, wie es wählt und nascht und pflückt, mit den Lauschern störende Brummer vertreibt und bei allem Erwachsensein jung und verpielt, die Wohlgeratenheit dieses wunderbaren Tierkörpers darbietet. Das Schmalreh ist gewiß das schönste Geschöpf unserer Wildbahn. Hirsche sind königlich, Gams trutzige, edle Berggeister, Rehböcke können kapital und sonst allerhand sein... Ein Schmalreh ist einfach schön!

Ich wischte am Okular und suchte erneut den Gegenstand meiner Bewunderung. Moment mal, hat sich denn so sehr die Farbe der Decke geändert, hatte ich da einen semmelgelben Fleck im kleinen Bildausschnitt? Es war wieder eine Geiß, aber eine führende, die schnell noch im letzten Tageslicht „Milch einkaufen" wollte. Plötzlich warf sie auf und windete aufmerksam gegen jene Scharte im Waldmantel, aus der ich austreten würde, wie gesagt, wenn ich der Bock wäre... Und mit einem Mal stand er da. Genau am vermuteten Wechsel. Kraftvoll und selbstsicher in der Haltung, war er auf dreihundert Meter mit bloßem Auge als „Star dieser Bühne" zu erkennen. War es aber nun der Vielgesuchte, oder war er's nicht? Was hatte er drauf? Mit dem Jagdglas konnte man wohl ausmachen, daß sich zwischen den Lauschern etwas Respektvolles verästelte, mehr aber nicht. Ehe ich ihn mit dem Spektiv gefaßt hatte, trollte er eilig durch die Remise, erreichte mit einem Satz den sattgrünen Klee, senkte keck das Haupt vor der Geiß, klopfte zweimal mit dem Vorderlauf auf den Boden, offenbar als Aufforderung zum Tanz, und fort ging die Jagd in Sprüngen und Bogen, trommelnd und keuchend, und tauchte unter im dämmrigen Wald. Verprellt und staunend war das Schmalreh zur Seite gestoben und entschloß sich erst mit Zaudern, nach der nächsten Sauerampferspitze zu greifen.

Schmunzelnd und gelassen überprüfte ich mein Werkzeug und richtete das Fernrohr so in einer Astgabel ein, daß ich's am Auge haben konnte, sobald es nötig sein sollte. Wenn meine Rechnung stimmte, dann kam der Bock wieder. Nach gehabter Freude am Abendbrot, und wenn's Sankt Hubertus wollte, dann kam er noch rechtzeitig. Denn nicht das Büchsenlicht war entscheidend, sondern ausreichende Helligkeit für eine vierzigfache Vergrößerung, denn ich wußte ja noch immer nicht: war er's oder war er's nicht? Und wenn er's war, und wenn es ein Mißgeschick wollte, dann mußte er mir in einer vertretbaren Distanz sein Leben anbieten, und wenn das alles sich erfüllen sollte, dann hatte ich erst noch zu treffen, getreu meinem leichtsinnigen Wort seh ich ihn erst einmal, dann stirbt er.

Er kam wieder. Es war noch reichlich hell. Nun endlich, als er am Rand des Weizenfeldes am Ende des Kleeschlages stand und sich die im Abendwind bewegten Halme am Hals entlang streicheln ließ, konnte ich zum ersten Mal genau erkennen, was er über der dunkellockigen Stirn zu bieten hatte. Da schaltete nun mein Puls doch um einen Gang höher. Was mir im Blickfeld stand, das war mit einem Wort eine Wucht! Neben der abnorm geperlten, scharf vereckten Stange, angelehnt an den rechten Lauscher, gabelte etwas kürzer die rechte aus deren Rosenstock grotesk und steil nach vorne, ein Haken trotzte, der noch ein kleinfingerlanges Ende trug. Ein Anblick zum Staunen und Jubeln ... Das war ER!

Soweit war alles nach Wunsch gegangen. Aber noch stand er munter und kraftvoll auf seinen vier Läufen, und das gute dreihundert Meter entfernt. Ich schob mich schußgerecht hinter meine Bockbüchse. Wie angeschraubt lag sie in der Faust und der Astgabel, kein Lüftchen rührte an meinem schwankenden Sitz, und der Zielstachel saß wie gemauert am Stich des Wunderbockes, der nun verspielt, etwas gelangweilt und unentschlossen im Klee zu suchen und zu wählen begann. Die Entfernung aber blieb, und damit war das Ziel meiner Wünsche so weit weg, als wär es am Mond. Denn eines war mir selbstverständlich klar, dieser Bock, eigentlich das Geschenk zweier guter Jagdkameraden, verdiente eine gute Kugel, einen sicheren Schuß und den auf eine ehrliche Bockdistanz.

Jetzt, da es um einen Liebestrick ging, war wohl die Weiblichkeit zuständig, und so schielte ich etwas nach dem Wohlwollen Dianens, als ich, im Anschlag verbleibend, mit dem zärtlichsten Schmelz einen Sehnsuchtsruf über die Stoppel schickte. Keine Reaktion. Noch einen und wieder einen ... er warf kurz auf und begann dann, halb gezogen, halb willens, in Richtung der vermeintlichen Geiß äsend, zu ziehen, mit einem Ausdruck im Gebaren, als wollte er sagen: „... Herrschaft, wann hat man endlich seine Ruh vor diesem Weibergetue, nicht einmal in Frieden seine Brotzeit machen kann man ...“

So ungefähr mochte es im Kopf des prächtigen Burschen umgehen, indem er Schritt für Schrittchen herzuschlenderte. Er wurde immer größer im Zielfernrohr, aber auch immer dunkler. Es wurde langsam Nacht. Jetzt das letzte Mittel, sonst war alle Müh umsonst. Mit dem Rockärmel wischte ich mir hastig die Lippen trocken, und dann scholl ein Sprengruf zum Bock hinüber, der ihn hochriß. In suchendem Troll kam er auf mich zu, er wuchs im Blickfeld — nun hatte er die Zweihundertmetermarke unterschritten und verhoffte unschlüssig, offenbar in der Absicht, in den Wald abzuspringen und sich aus der Deckung dem vermeintlichen Störenfried zu nähern. Jetzt galt es — noch ein Geschrei, kurz und aufreizend — versammelt stand er da, in höchster Spannung den Rand des Stangenholzes musternd. Das Prachtbild eines Prachtbockes, wie auf der Ehrenscheibe. Und wie auf der Ehrenscheibe stach der Zielstachel tief ins Blatt. Kurz ruckte die Büchse, und im peitschenden Schlag des Schusses warf es den Bock in die Luft. Eine steile Flucht, dann hatte ihn gnädig und kühl der Klee aufgefangen, gebettet und verhüllt.

Dankbar streichelte ich den Lauf meiner guten Büchse, sie hatte mein Wort gehalten: ich sah ihn, und er mußte sterben. Dann griff ich schmunzelnd nach der halben Zigarette hinter dem Sitz. Seit der Gefangenschaft hat mir keine Kippe besser geschmeckt. Schließlich baumte ich ab und maß 180 Meterschritte bis zum letzten Lagen des gefällten Bockes mit dem siegelroten Mal der 6,5×57R am Blatt. Dann hielt ich die Wunderkrone in Händen, betastete Perle um Perle, die wie eine Treppe von den Rosen zur Vordersprosse stiegen, und legte staunend meine Finger in den Haken, an dem man gut ein Pleßhorn aufhängen konnte.

Wenn's mag, dann mag's. Aber mögen muß es halt; hier mußte es mehr als bloß „mögen“. Diese seltene Strecke verdankte ich nicht allein dem „Mögen“ und meiner guten Büchse, sie war ein Geschenk dessen, der ihn für mich ausmachte und besorgt hütete, und meines guten Nachbarn, der mir in seinem Revier — unter eigenem

Verzicht — nicht nur die Jagd frei gab, sondern mich auch noch beriet und, wie er mir später erzählte, für sich und seine Jagdfreunde den Einstand und Äsungsplatz meines — nun wirklich meines — ungeraden Achters sperrte, um mich nicht zu stören.

In der letzten Dämmerblinke brach ich den Grenzbock auf.

Ich bin glücklich darüber, daß es mir vergönnt war, vornehme Gastfreundschaft mit sauberem Dank zu quittieren. Die Freude über mein seltenes Waidmannsheil war bei allen Betroffenen ungeteilt. Meinem Förster fiel ein Stein vom Herzen, und zufrieden strahlend meinte er beim Gratulieren: „Hab nimmer dran geglaubt, daß da noch was draus wird. Wo findet man aber auch so einen Nachbarn?!" — Der Nachbar freute sich, als wär's seine Strecke. Im Grunde war sie's auch, und unser Verhältnis ist, wenn's möglich war, seitdem noch besser geworden.

Nur mein vierbeiniger Gefährte war's nicht zufrieden, denn wieder gab es keine Arbeit, wieder wie meist, wenn die Büchse in der Dämmerung einmal hart aufschreit. Axel ist kein Freund guter Waffen.

Eine Freude besonderer Art, eine seltene Überraschung gab es noch, als ich mir mit der Taschenlampe das Gebiß genauer betrachtete. Gute sieben Jahre zeigten die Kauflächen. Aber rechts oben, auf der gleichen Seite, wo die unversehrte Stange mit ihren Perlen und langen Enden prahlte, steckte ein Grandel, so groß wie ein Reiskorn!

Wo überall ich diese Grenzbockgeschichte erzählte, staunte man und der Verwunderung war kein Ende. Ist das letzten Endes nicht traurig? Ist das nicht eine beschämende Bilanz unserer vielgerühmten „deutschen Waidgerechtigkeit"? Die Quintessenz gerechten Waidwerks ist gute Nachbarschaft. Dazu allerdings gehören jeweils mindestens zwei.

Wenn's der Teufel will, geht ein Besenstiel los!

Gemeinsam waren wir angesessen auf zwei Hochsitzen im Revier meines Freundes Hubert. Es ging darum, einen im Wildbret und Gehörn schwachen Bock zur Strecke zu bringen. Von der Erle, in der mein Hochsitz eingebaut war, hangabwärts bis zu einem Bächlein, das in Windungen die Talsenke durchzog, und darüber hinaus in die Feldflur schweifte der Blick und suchte und prüfte und verharrte geduldig an jedem Rain in der Erwartung des Anblicks. Aus einem Kornfeld kam er schließlich ..., und hörte den Schall des Schusses nicht mehr. Wir rauchten unsere Erfolgszigarette und verharrten nachdenklich und glücklich und zufrieden in beredtem Schweigen. Schließlich löschte Hubert seine Kippe und deutete zu dem Bach: „Eine Geschichte, die mir keiner ganz glaubt ... Ein paar Jahre sind es her, da saß ich auf der gleichen Leiter wie du, und da unten am Bach zog ein Bock heraus, ähnlich wie der heutige, schwach, schlecht verfärbt und jung. Eine Zeitlang schaute ich ihm zu, dann ließ ich fliegen. Auf hundertzwanzig Schritt' kein Problem. Wie eine Klappscheibe fiel er um und verschwand im Gras. Ich hatte durchgeladen, blieb sitzen und rauchte in aller Ruhe. Dann ging ich hinunter zum Anschuß. Ich war nimmer weit vom Bock entfernt, da rief mich von rechts der Bauer an: ‚He, Hubert, wo suchts du denn deinen Rehbock. Der liegt doch da, und ist eine Geiß!' ‚Geh', halt mich nicht zum Narren. Da komm her, da liegt mein Bock'.

Kopfschüttelnd tauschten wir unsere Standplätze. Kopfschüttelnd betrachteten wir das, war wir fanden. Er meinen Bock, ich am Rande des Baches im tiefen Gras ein Schmalreh. Bei näherer Untersuchung stellte sich heraus, daß mein Geschoß etwas schräg durchs Blatt ging, eine Blattschaufel durchschlagen und das Böckchen sofort gestreckt hatte. Ein Stück des Stahlmantels aber flog rechtwinkelig zu meiner Schußrichtung und hatte die Geiß am Träger tödlich getroffen. Du kannst dir denken, wie mir da war. Der Bauer und ich sahen uns an, stumm und nachdenklich. Dann meinte er: ‚Mein Lieber, wenn man das sieht, dann kann man sich weiß Gott vorstellen, was die Schutzengel mit euch Jägern für eine Arbeit haben!'“

Ein Steirischer Bartbock

Groß wie Kohlweißlinge fallen die Flocken und verdichten Stunde um Stunde die Schneedecke auf der Straße gegen Schladming, über die sich im Grau eines Frühwintermorgens mein Wagen vorsichtig voranschiebt. Es ist Ende November, und ich folge der großzügigen Einladung eines Freundes zur Jagd auf den Bartgams.

Im Schluß des kleinen Sölktales liegt das Ziel meiner Fahrt, das Haus des Revierjägers Sepp Ladein, der mich führen soll. Endlich ist es erreicht. Frohe Begrüßung durch den Hausherrn und seinen Hund, der übliche herzhafte Einstandsschnaps in der warmen Stube, dann werden die Rucksäcke umgepackt. Entbehrliches bleibt im Wagen. Schließlich sind wir soweit. Vor dem Aufbruch noch ein Probeschuß vor Beginn der Pirsch auf den Gams. Das Automobil ist unbestritten ein Hauptschädling an der Präzision unserer empfindlichen, mit hochwertiger Optik ausgestatteten Büchsen. Die Beruhigung, die von einem gut sitzenden Probeschuß ausgeht, ist ein wesentlicher Teil am Erfolg des Waidganges. Eine Anreise von vierhundert Autokilometern, ein stundenlanger Aufstieg, Mühe und Schweiß, vielleicht anstrengendes Pirschen durch mehrere Tage, um endlich den sicheren Schuß anzubringen, wenn „unser Bock" im Fadenkreuz steht — gegen das alles zählt die kleine Mühe des Aufstellens einer Scheibe und eine Prüfungspatrone im Wert von 1,50 DM überhaupt nicht. (Stellt der Probeschuß *nicht* zufrieden, dann ist jener gut daran, der es versteht, sein Zielfernrohr selbst zu korrigieren. Andernfalls ist es immer noch besser, die Büchse des Jägers zu nehmen. Die ist immer gut eingeschossen.)

Wir steigen auf. Dumpf ruckt der Schnee ballig und schwer unter den Tritten. Dann und wann klingelt der Dorn des Bergstockes gegen einen verschneiten Stein. Geredet wird nur das Notwendigste — ein Deuter gegen den tief verhangenen Himmel, auf eine Rotwildfährte, die neu im unberührten Schnee steht und unseren Steig kreuzt, kurzes Verhalten, damit der Schweißhund sich lösen kann, das sind die einzigen Unterbrechungen dieses Anmarsches. Langsam und stet, wie's Berglerbrauch ist, gewinnen wir mehr und mehr an Höhe und tauchen ein in dicke Schwaden kalten Nebels.

Nach drei Stunden treten wir heraus aus der oberenen Hochwaldgrenze. Als Nachhut begleiten uns noch einzelstehende Wetterfichten und räumen mehr und mehr Latschenfeldern den Platz. Dann queren wir ein breites Gries, erreichen eine Rippe, und da öffnet sich im Aufwind mit einem Male ein Durchblick durch das nebeldurchsetzte Schneetreiben. Einen Büchsenschuß weit auf einer Schulter unter dem Latschenhang des Ochsenkopfes steht die Jagdhütte, unser vorläufiges Ziel.

Die Scheiter knacken im Eisenofen. Wir hocken uns an den kleinen Tisch. Die Rucksäcke reißen ihre breiten Mäuler auf und leeren den nahrhaften Inhalt, Speck und Brot, Wurst, Konserven, Zucker, Kaffee, Dörrobst, und ganz am Grunde eine Flasche guten Tirolers für den Fall, daß uns Waidmannsheil beschieden sein sollte und ein braver Bock totgetrunken werden darf. Inzwischen eröffnet bereits die Jagd unser dritter Begleiter, Bürscherl, der Schweißhund. Er fährt unter eine der Schlafstellen, wirft dabei einen Blecheimer um und kommt enttäuscht wieder zum Vorschein. Die Maus war flinker.

Der Teewasserdampf hebt klappernd den Deckel, und ein warmer Trunk zur handfesten Brotzeit sorgt bald dafür, daß die innere Ordnung wieder hergestellt ist. Ein gemächliches Gespräch über Berg und Wild, über Wetter und Erfolgsaussichten, hat den ersten Kontakt zwischen Jagdgast und Jäger geschlossen. Ich schlage dann Herrn Ladein vor, ihn kurz Sepp zu nennen, denn *Latein* erinnere zu sehr an mitunter wenig erfreuliche Ereignisse aus der Pennälerzeit. Schmunzelnd mit Handschlag wird diese „Sprachregelung" angenommen, und dann sind wir beide eigentlich wieder voll neuen Tatendranges.

Inzwischen ist es Nachmittag geworden. Der Schneefall hat aufgehört, ein kräftiger Talwind bläst die Nebelschwaden bergwärts. Wir steigen kurz entschlossen weiter bergan durch knietiefen Neuschnee gegen den Grat des Ochsenkopfes. Tief verhangene Sturm-

fichten, weiß gekrönte Steinklötze umgehen wir, immer wieder verhaltend, um die großen Schneeballen von den Nagelkränzen unserer Stiefel zu schlagen.

Da steht im unberührten Schneehang eine ganz frische, bergauf weisende Gamsfährte. Dort noch eine! Schmunzelnd nicken wir einander zu. Die Gams ziehen bergwärts, heraus aus der schützenden Waldregion, ein sicheres Zeichen für kommendes Schönwetter!

Der Grat ist erreicht. Ein großer Felsblock eröffnet uns die Sicht weitum ins Kampfgebiet von Wind und Wolken. Brauende Wetterwände zeigen helle Risse, Dampf kocht noch in den Tobeln, über unseren Köpfen aber leuchten bereits blaue Fetzen durch das aufreißende Grau. Das ist die Welt des Bergjägers, das ist das Ziel meiner alljährlichen Fahrt ins Revier des Gamswildes. Das ist für mich das beglückendste Waidwerken, in einer herben Landschaft unter Verhältnissen, die heute, zur Zeit bequemen Jagens mit Superbüchse und Kraftwagen, noch als hart bezeichnet werden können, und wo es gilt, die überlegene Kraft, die zähe Unermüdlichkeit des Wildes mit Bedacht und unter angemessenem körperlichen Einsatz wett zu machen. Da oben entscheidet primär noch der *Jäger,* seine körperliche Verfassung und sein Wissen um die Eigenheit des Wildes, nicht die Hochrasanzpatrone und schon gar nicht das Gewicht der Brieftasche. Deshalb schätze ich den Bartgams im Schnee des Hochgebirges zur Zeit der Brunft als höchstes Jagderleben, mehr als den Sommergams, mehr als den Hirsch.

Sepp deutet auf eine Rippe unter dem Gipfel, die wie ein Balkon über das steile Kar hinausragt: „Dort wollen wir morgen früh ansitzen, von dort können wir jeden Graben einsehen und sind überm Wind.“ Dann sticht er mit dem Bergstock ins dämmrige Tal, weist zum Rand des tief unter uns liegenden Hochwaldes, aus dem einige Rinnen bergwärts führen. „Da schaugens', Gams! Und durt trenten, Gams – Gams!“ Nun erkenne ich sie auch. Im Glas werden die schwarzen Punkte am düsteren Schnee *Gams.* Rudel steigen herauf, langsam, ein Stück in der Fährte des anderen. „Wenn der Gams steigt, dann steigt das Barometer.“ Wie zur Bekräftigung dieser Worte des Jägers färbt sich der Schnee um uns rosig golden, gestreift vom Licht der untergehenden Sonne, die im aufgelockerten Gewölk ein Loch gefunden hat, uns zu grüßen.

Wir steigen ab und spuren in unserer Aufstiegsroute zurück zur Hütte, damit uns der Aufstieg morgen früh vor Tagesanbruch leichter wird.

In einer mollig warmen Stube „sägen" drei Jagdgefährten starke Hölzer, bis sie der unerbittliche Wecker schrill aus den Decken stößt.

Schnellwäsche im Schnee vor der Hütte macht uns wach, so daß wir mit blanken Augen die Sterne funkeln sehen. Das wird ein Jagdtag! Selbst wenn er ohne Strecke bliebe! Heißer Kaffee, schwarz wie die Hölle, ein guter Schuß Rum drein, ein Stück Kuchen von daheim, dann rein in den Anorak, Rucksäcke über, Glas, Spektiv und Büchse –, den Bergstock vor der Hüttenwand gegriffen, und auf geht's Tritt für Tritt den bereits bekannten Steig hinauf zum Standplatz unterm Gipfel. Auf halbem Weg erreicht uns der nahende Tag. Im Aufwind knacken die schneeverhangenen Fichten und recken ihre silbergepanzerten Wipfel in das Blau des heiteren Winterhimmels. Als wir den Grat erreichen, der zum Gipfel führt, stehen wir gebadet im strahlenden Licht des jungen Tages. Ein Wunder bereits dieser Anblick. Vergessen ist die Büchse an der Seite für eine Weile. Herrlich tut sich das Rund der Berge um uns auf, gekrönt vom langen, wuchtigen Massiv des Grimming, der emporstrebt wie ein Zauberberg. Eingetaucht ins Morgenlicht, ein fliegender Edelstein, streicht ein Spielhahn über unsere Köpfe und gemahnt uns wieder an das Ziel des Aufstieges, an die Jagd. Beißend kalt sticht der Wind durch unsere Kleider, und wir steigen weiter zum Gipfel, zu unserer Kanzel. Dort finden wir hinter einem Block etwas Windschutz, fegen Schnee zur Seite, breiten die Mäntel über die Rucksäcke, suchen Auflage für Stutzen und Spektiv, ein heißer Schluck aus der Thermosflasche, eine Zigarette, und dann heißt es warten, warten. Langsam steigt die Sonne höher. Sie greift in langen Streifen in die schattige Westflanke und wärmt uns allmählich angenehm den Buckel. Warten, warten, eine Viertelstunde, eine halbe, eine ganze ...

Das Sonnenlicht hat den Altholzrand bei der Hütte erreicht. „Gams!" Sepp deutet in einen Graben. Da kommen sie. Eine Geiß mit einem Kitz, Geraffel, zwei, vier, sechs ..., nicht mehr in Säumerreihe, sondern verstreut, hier eine Knospe naschend, dort mit den Vorderhufen im Schnee nach karger Äsung plätzend. Sie tauchen auf, verschwinden hinter einer Rippe. Aus einem anderen Graben zieht ein zweites Rudel bergwärts, zwei junge Böcke preschen hintereinander durch die Latschenfelder, daß der Schnee aufstäubt, und tauchen wieder weg aus unserem Blickfeld. Beide haben wir längst die Spektive am Auge und prüfen Stück für Stück. Nichts dabei, was uns taugen würde. Da ein junger Zukunftsbock mit ausladender Krucke, dort ein braver A-Bock, für den es noch nicht an der Zeit ist. Außerdem sollte es ein B-Bock sein, und einen Bart sollte er auch haben, also eher ein jüngerer, was beim Gams so um die sechs Jahre herum besagen will.

Der Sepp schmunzelt und stupft mich in die Seite: „Da drunt unter der Zirben, unter dem breiten Astschirm, da schauen's einmal hin.“ Endlich hab ich das Ziel erkannt. Etwa vierhundert Meter unter uns döst ein junger Hirsch im Lager. Seine Decke ist vom Reif silbern bestäubt, ein prächtiger Einblick in die Heimlichkeit des Bergreviers, bewunderungswürdig das Auge des Jägers, der ihn zu entdecken vermochte. Ganz vertieft bin ich in dieses schöne Bild und habe gar nicht bemerkt, daß sich inzwischen überall die Böden und Hänge mit Gamswild belebt haben. Da zischt mich aufgeregt der Sepp an: „Durt! Jetzt gilt's! Der war's!“ Ich fahre hoch – und erstarre. Vor mir, kaum hundert Meter unter uns, steht ein Prachtbock auf der Schneid einer Wächte und äugt mit versammelten Läufen fertig zum Absprung zu uns herauf. Ohne Glas ist der schwarze Kerl wie ein Scherenschnitt gegen den strahlenden Gegenhang anzusprechen. Schmal gestellte Schläuche, gut gehakelt ragen die Krucken handbreit über die Lauscher, scharf gezügelt, ein Prachtbock mit einem „Jungmännergesicht“. Der Talwind spielt im guten Bart. Alles, was das Herz begehrt. Bloß bin ich unfähig, die Büchse in Anschlag zu bringen! Eine bange Weile dauert dieses gegenseitige Prüfen und Abwarten – dort Mißtrauen – hier Spähen nach der geringsten Chance zu Schuß zu kommen. Da hat beim Bock die Vorsicht gesiegt. Mit einem aufstäubenden Satz verschwindet er im Graben und springt aus dem Blickfeld. Jetzt gilt's. „Richten's eana! Der mocht no a Haberl“, raunzt mich der Jäger an. Ich liege bereits auf einer Felsplatte, den Stutzen im Anschlag, denn meist setzt das in der Brunft besonders neugierige

Gamswild im Absprung nochmals für ein kurzes Verhoffen auf einen Vorsprung und windet zurück. Das ist die letzte Gelegenheit, eine flinke Kugel anzutragen. Ewig dauert – so scheint es mir – mein gespanntes Warten. Kurz taucht ein flüchtiger Schatten im Durchblick eines Grabens auf, verschwindet wieder, bleibt verschwunden, bis endlich auf gute zweihundert Meter ein Gams auf einen Grat heraussspringt, dasteht wie auf einer Ehrenscheibe und zu uns heraufäugt. Im Zielfernrohr kann ich es bestätigen. Es ist *mein* Bock! Der Stachel sucht das Blatt – Stecher – raus! Der Bock ruckt, schwankt, torkelt zur Kante des Felskopfes am Ende der Schneid, rot sehe ich, das Glas am Auge, den Schnee sich verfärben, und dann stürzt er, unseren Blicken entschwindend, ab, taucht unter dem Wandel wieder auf, als er talwärts rutscht, im Schnee eine breite Rinne ziehend.

Jetzt erst hör' ich den letzten Echohall des Schusses, seh die Gams durcheinanderspringen, den Hirsch unter der Zirbe aufrumpeln und in hohen Fluchten waldwärts stürmen und spüre den Schlag auf der Schulter, den mir Sepp begeistert verpaßt, und höre ein frohes Waidmannsheil!

Jetzt hintennach, wie immer bei mir, kommt der „Freudendattrich“, die Hand zittert mit der Erfolgszigarette, und die ganze herrliche Bergwelt mit Sepp und Bürschl schwimmt einfach in Glück und Seligkeit!

Dann geht es in der Fallinie bergab, hinunter zum Bock. Am Anschuß sieht man die saubere Wirkung der 7×64. Reichlich Lungenschweiß und kurzes schwarzes Schnitthaar. Dann stehen wir bei ihm. Seine Talfahrt hat er beendet, sauber gestreckt mit einem hellroten Siegel am Blatt, trutzig noch im Tode, so scheint es mir, äugt er mit gebrochenem Licht gegen den Ochsenkopfgipfel, der nun nachmittags gegen den tiefblauen Himmel steht.

Einen schneeverkrusteten Latschenbruch reicht mir Sepp mit frohem Handschlag, dann beginnt das Versorgen. „An Raim wie Kerschblüh“, meint der Jäger zum Reif des Bartes und streichelt behutsam über die braun-schwarze, glänzende Decke. Bartrupfen, Aufbrechen, Schränken, alles geht mit einer überlegenden Bedächtigkeit vor sich.

„Werden wir gleich absteigen ins Tal?“ meinte Sepp beiläufig, und als ich ablehne mit der Bemerkung: „Jetzt woll'n wir ihn erst in Ruhe in der Hütte noch einmal schießen und alles in Gemütlichkeit ausreden“, da ist er es gerne zufrieden, denn – und das mag sich jeder Jagdgast im Berg merken – es ist schließlich *sein* Bock gewesen, den ich erlegen durfte, eines seiner wohlbehüteten Kinder, und das einfach Nehmen und Gehen, eilig, gierig, wie man eine Packung Zigaretten kauft, gedankenlos, ohne Würde und Respekt, das mögen sie nicht, diese Bergjäger, dazu sind ihnen „ihre Böck'“ zu schade!

Es wurde noch ein guter, warmherziger, fröhlicher Hock bis spät in die Nacht am Hüttenherd. Drei-, viermal wurde der Bock erlegt und Erfahrungen ausgetauscht, Geschichten erzählt, ernste und lustige, und mancher Becher zum Dank, dem Jagdherrn zur Ehre, gehoben und geleert.

Normalerweise ist es so ...

Jenseits der Höhe, außerhalb von Schall und Wind, ist der Wagen geblieben. Mit dem Löschen der Lichter stürzte die klirrende, kalte Sternennacht über mich. Der Hund lag in der warmen, trockenen „fahrbaren Hütte". Er hatte sich auf Herrchens Sitz flink zusammengerollt, ehe der auskühlen konnte.

Jammernder, quietschender Schnee. Es schien mir, als löste jeder Tritt ein Warnsignal, überlaut die Überstille der Nacht zerbrechend.

Endlich am Altholzrand, endlich an der Leiter. Das Vorlicht des nahenden Mondes tauchte die Feldbreiten vor mir bereits in leidliches Büchsenlicht, als ich die Leiter hochstieg, die mitgebrachte Wagendecke über der Schulter, das aufblasbare Sitzkissen in den Zähnen, sorgsam jedes Geräusch vermeidend. Trotzdem krachte jede Sprosse, trotzdem mußte ich erst vereisten Schnee vom Sitzbrett kehren, trotzdem gab es noch manchen Laut, ehe ich gut verpackt und wohlig breit im Sitz, die Büchse quer, die Ohren gut versorgt, eins wurde mit der Ruhe um mich, mit der windstillen, glasklaren Nacht, deren Schweigen auf mich eindröhnt, als hätte ein neuer Wellenbereich in mir auf Empfang geschaltet und ließe mich die Musik der Sphären hören.

Der Mond tauchte empor und zeichnete lange Schatten auf die schimmernde, unberührte Fläche. Unberührt? Genau unter der Buche, die mich mit ihren kahlen Zweigen kaum zu bergen vermag, zog die Perlenschnur der Fuchsspur durch, kreuzte Hasenspur und Fasanengeläuf und verschwand am nahen Bachufer. Schwarze Flecken einen Büchsenschuß weit drüben am abgeernteten Kartoffelacker. Sollten sie schon da sein? Das Glas lief an im Atem; blankgewischt, wieder trüb –, blank –, wieder trüb ... Nein, es waren die alten Stellen, wo gestern im Nebel die Rotte gebrochen hatte. Gestern im Nebel ..., ob sie heute wieder kommt? Ihr galt mein Ansitz, dem rauhen, klugen, starken Wild im schwarzen Kittel.

Die Haare in der Nase klebten, froren im Schnaufen zusammen. Von den Zehenspitzen kroch langsam die Kälte an den Waden empor. Weit jenseits des Baches gellte der jammernde Todesschrei eines Hasen auf und erlosch gequält. „Waidmannsheil, Rotrock! Bring ihn vorbei, dann wollen wir ein Wörtchen drüber reden!“

Es verdichtete sich die Stille, höher steigt des Mondes runde, strahlende Scheibe. Elf Glockenschläge vom nahen Dorf zählten gemessen die Zeit. Nach dem letzten Ton brach jäh die Lautlosigkeit herein, als hätte sie widerwillig, ungeduldig mitgezählt.

Da kommt's heran. Trap — trap — trap — trap — trap — trap —, Pause — Stille — nur der Herzschlag dröhnt im Hals. Die Augen wandern im Kopf, die Ohren suchen Richtung und Entfernung zu orten, die Finger greifen den Sicherungsflügel. Da — unter mir! Ja, eine Maus schlüpft durchs Buchenlaub, mal unter, mal über der Schneedecke — eine Maus, nichts weiter.

Und Stille und Ruhe und Warten und Spähen und Lauschen ... und Sinnen. Die Gedanken gehen auf Reise, zurück, weit zurück. Winter in Rußland, der gleiche Mond als Leuchtkugel überm Drahtverhau ..., eisgekühlte Ansitze in der ersten Jägerzeit ..., eine Winternacht wie diese, in der ich als Pennäler meinen ersten Fuchs erlegte. Die Stiefel waren zu knapp und der Mantel zu dünn und die Hose zu kurz und die Kälte so bitter. Und trotzdem dampfte ich damals glühend vor Erregung, als ich den überlisteten Listigen aufhob aus seinem rotgetupften, letzten Lager, und der Mond glänzte in den silbernen Grannenspitzen des reifen Balges.

Die Schatten wandern, sie werden kürzer. Ein Krummer taucht aus dem Waldrand und buckelt eilig über die lichte Schneebahn irgend einem Bauerngarten zu, irgend einen Kohlstrunkrest im Sinn, und verschwindet in der glitzernden Weite dieser unwirklichen Nacht. Ein Hofhund heult in der Ferne.

So sitze ich da oben in der Krone des erstarrten Baumes, eins geworden mit ihm, eins mit der Ruhe um mich, eins mit der Winternacht — wie lange, ich weiß es nicht.

Zweimal meldet die Glocke vom Kirchturm, aus der Welt, wo Menschen schlafen in warmen Betten, in gemütlichen Stuben. Ich schrecke auf. Der Mond ist verdeckt, eine breite, düstere Wolkenhand hat sein Licht von der Landschaft gewischt. Nichts ist mehr genau zu erkennen. Eine giftig kalte Brise ist aufgekommen und raschelt im dürren Laub meiner Ansitzbuche. Die wenigen Blätter, die Frost und Rauhreif bislang nicht zu pflücken vermochten, sie schleifen und wetzen und klappern beinern aneinander. Ich muß an einen Friedhof denken, wenn der Wind über dürre Kränze und papierene Schleifen streicht. Mich fröstelt's. Die Beine sind gefühllos und prickeln bei der geringsten Bewegung. Ameisen im Fuß, sagte ich als Bub zu diesem Zustand. Allmählich wacht der Körper auf. Laut wie ein Büchsenschuß scheint mir das Knacken der ersten Sprosse, die im Abstieg mein Gewicht aufnimmt. Dann stehe ich unten, die Erde hat mich wieder.

Trappeln und Schlagen, und immer noch steif, aber eilig zurück zum Wagen. Da taucht er auf, überzogen mit einer Haut aus Rauhreif. Verschlafen blinzelt mich mein „Axel“ an, und während ich mir eine Zigarette anstecken will, gleitet er ungnädig aus der offenen Türe und erstarrt. Angestrengt windet er in die Nacht und macht Anstalten, seiner Nase zu folgen. „Ja, was denn! – Komm, mein Alter, spinn nicht, jetzt mitten in dem finsteren Eiskeller.“ Ich befehle den Hund herein, knalle die Türe zu, starte und schalte das Licht an. Da – auf etwa hundert Gänge dunkle Batzen im Scheinwerferkegel, bizarre Striche und Haufen. *Sauen?* Nein – nicht mehr. Ganz nahe fahre ich heran, dann stehe ich vor frisch gebrochener Ackererde. Einzelne Krümel rieseln noch nach und fallen in die aufgeworfenen Löcher. Kreuz und quer stehen die Fährten im Schnee. Ein halbes Dutzend mochten es gewesen sein.

Ich stehe etwas belämmert da und mache mir schmunzelnd meine Gedanken. Wäre ich im Wagen sitzen geblieben, dann wären sie bei der Buche aufgetaucht. Hätte ich –, wäre ich –, der uralte Jägermonolog. Gott sei's gedankt –, es kommt beim Jagen eben meistens anders, als man denkt, und Hubertus hält die schützende Hand über seine Waldfamilie. Normalerweise ist es so.

„memento mori"

In stetem, bedächtigem Schritt knirschten die schwer beschlagenen Stiefel im Gestein des steilen Bergpfades, der in Kehren und Stufen den Weg durch die Nacht ins Gamsrevier meines Schweizer Freundes Fritz wies. Der Schlaf steckte uns Fünfen noch etwas in den Gliedern, meinem Freund, seinen beiden Revierjägern, ihrem Schweißhund und mir, als wir vor dem ersten Tagesschimmer unseren Gasthof im Inntal verlassen hatten. Mit jedem Schritt tauchte der Ort Pfunds in Tirol tiefer und tiefer, bis ihn die samtschwarze Nacht den Blicken völlig entzog. Ein schweigsamer, kräftezehrender Aufstieg. Dann und wann klirrte eine Bergstockspitze im Grus des ausgewaschenen Steiges, nahm einer den Hut vom dampfenden Schädel und ließ sich den erfrischend eisigen Bergwind durch den schweißfeuchten Schopf fahren. Hin und wieder galt ein kurzes Wort einem Stein, einem Storren im Weg. So ging es zwei Stunden lang der Hochregion entgegen, mitten in der Bartgamszeit am 11. Dezember.

Da und dort blickten vereinzelte Lichter von den Höfen im Tal zu uns herauf, das Vieh wurde gefüttert, der Morgen war nimmer weit. Wir verhielten zu einer kurzen Schnauf- und Umschaupause. Im Osten färbte sich der sternenlose Himmel bereits silbern. Das steigende Licht hob die ersten Bergspitzen hoch über uns aus dem finsteren, bleiernen Firmament. Lange Fahnen Treibschnee schleierten von den Gipfelwächten in die Abstürze des Windschattens, untrügliche Zeichen, daß uns oben Sturm und Schneetreiben erwarteten. Hinter der eben durchstiegenen Baumgrenze stieß uns der erste Windstoß ins Gesicht. Der trübe Dezembermorgen tauchte Hochalmen und schneegepanzerte Latschenfelder in milchiges Licht.

Windgeschützt hinter einem Futterstadel besprachen wir kurz unseren Pürschplan. Dann trennten sich unsere Wege. Mein Freund nahm mit einem Jäger die ostwärtige Bergflanke, ich mit dem andern den Pürschpfad, der langsam ansteigend die westlichen Schroffen und Wandstufen einbezog, um dann hoch über einem Kar in einer Steilwand zu enden. Ein kurzes Wort über Zeit und Ort des Treffens nach dem Pürschgang, Handschlag und „Waidmannsheil". Dann stampften wir beide, genauer wir drei, der Jäger Andres, sein Schweißhund und ich, im pulverigen Schnee den vermutlichen Einständen entgegen. Es war ein unsicheres Steigen. Immer wieder glitten die scharf beschlagenen Sohlen der Bergstiefel aus, denn unter dem Neuschnee lag stellenweise Blankeis. Vorsicht war geboten!

Bald, hinter der ersten Rippe, die wir umgingen, stand über uns ein Rudel Gams. Es bedurfte keiner langen Absprache, um festzustellen, daß nichts Schußbares darunter war. Gamsgeißen mit ihren Kitzen und einige geringe Böcke. Immerhin aber hielten sie uns länger auf, als uns lieb war, denn sollten sie vor uns her flüchtig werden, dann durften wir wohl den Erfolg der weiteren Pürsch abschreiben. Das flüchtige Rudel würde ohne Zweifel mitnehmen, was sonst noch an Gratwild an unserem Steig zu erwarten war. Mit einer kleinen Umgehung, die uns etwa eine halbe Stunde kostete, konnten wir unbemerkt das Rudel talwärts umschlagen. Noch einmal hatten wir einige Gams in Anblick, darunter einen kapitalen Bartbock, aber für die unsichere Auflage, schräg an Eisplatten angelehnt, unverantwortlich weit. Bedauernd sah ich dem schwarzen „Wutzel" nach, der offenbar Wind bekommen hatte und mit dem übrigen Geraffel über der Schneid mit wippendem Bart im Schneetreiben verschwand. Das wäre einer gewesen!

Eine Gamsgeiß saß dicht neben ihrem Kitz unter einer Felsplatte, vorm stechenden Sturm geschützt und äugte uns wachsam nach, als wir durch eine Steinschlagrinne den letzten Teil des Pürschweges angingen. Hart schnitt da der Pfad in eine stufige Steilwand, etwa horizontal verlaufend, und eröffnete gute Einblicke in den Karboden mit weiten Latschenhalden und Weidendickungen, wo wir mit Recht annehmen konnten, daß bei diesem harten Wetter Gamswild Einstand bezogen haben mochte. War die Wand zunächst wie ein Mansardendach in drei Neigungsstufen abfallend, so wandelte sich diese letzte Stufe bald in eine 80 Meter hohe, lotrechte Mauer. Allmählich hörte jede Gliederung durch

Terrassen auf, und schließlich endete der schmale Jägerweg auf einer Felskanzel, unter der — glatt und eisverkrustet — kahle Platten über hundert Meter tief zum Almboden abstürzten. Auf ihn waren im Lauf der Jahrhunderte Blöcke gefallen, zwischen denen von Wetterlärchen überstellte Latschenfelder den Übergang zur Waldgrenze bildeten, die, mit einer Nachhut von Fichten und Arven in Gräben und Rinnen, Lawinen und Steinschlag, ein zähes Rückzugsgefecht lieferten. In diesem vom Neuschnee zugedeckten Gewirr von Felstrümmern, Wasenplatten und Legföhren konnten wir feine Striche und scheinbar wahllos gezackte Linien ausmachen. „Gamswechsel", meinte Andres. Mit Hilfe des Jagdglases fand ich seine Feststellung bestätigt. Ein Gewirr von Fährten, frisch und tief im leichten Schnee gezogen, gab uns die Gewißheit, daß des Jägers Überlegung richtig war.

„Dös ischt der rechte Platz, machemers uns gmüetli", meinte er und hockte sich, fest in die Lodenkotze gehüllt, auf seinen Rucksack. Ich tat es ihm gleich. Ein Schluck Schnaps für jeden und ein Speckschwartel für den Hund, der eng zwischen uns beiden Deckung und Wärme suchte. So hockten wir da auf dem windüberblasenen Balkon. Systematisch prüfte unser Blick Stück um Stück des Kessels unter uns, in dem das Rudel stecken mußte, der aber seine Kinder in Schlufen und Gestrüpp wohl hütete.

Eine gute halbe Stunde mochte vergangen sein. Mittag war es inzwischen geworden. Dann und wann stahl sich ein Sonnenstrahl durch das aufreißende Gewölk. Da deutete mein Begleiter stumm hinunter in eine Rinne.

Gams! Ein, zwei, vier, fünf Stück. Sie zogen aus dem Graben heraus, plätzten hier ein wenig den Schnee weg, naschten dort ein bißchen an den Knospen der Weidenstauden, wechselten dahin und dorthin, tauchten unter im Latschendschungel, kamen andernorts wieder zum Vorschein und wurden immer mehr. Schon konnten wir ein Dutzend Gams zählen. Aber nicht ein Stück war darunter, das uns schußbar schien. Allmählich kroch mir die Kälte von oben her in den Nacken, von unten durch den Rucksack in die Hose. Ich konnte mir ausrechnen, wie lange ich noch würde stillsitzen können.

„Andres", raunte ich meinem Nachbarn zu, „wenn unser Bock nit bald kommt, dann kann ich nimmer schießen. Mit klappernden

Zähnen, von der Kälte gebeutelt, riskiere ich keinen weiten Schuß, und zweihundert Meter sind's auf jeden Fall! Noch eine Viertelstund', dann hat's keinen Wert mehr." Der Jäger nickte verständnisvoll, schwieg und musterte weiter Fleck um Fleck.

Ich hatte das Glas wieder am Auge und kämmte Platz für Platz durch, bestätigte da die alte Geiß, zu der da drüben das Kitz gehörte, den jungen Bock, die beiden Jahrlinge, und das... Was war denn das? Da schob sich ein schwarzer Brocken schneeverkrustet aus den Latschen, gewann Form, und mit einem lässigen Satz stand er da: trutzig und breit, ein Fetzenbock. Selbst im Steilblick nach unten überragten die Kruckenspitzen um ein Beträchtliches die Lauscherspitzen. Die Auslage war gut. Ein jagdbarer älterer Bock. Jagdbar? Kapital!

Der und kein anderer! Ein Blick zu meinem Begleiter. Der hatte sich gleichfalls durch das Glas an diesem Anblick festgesogen und grinste strahlend: „Techtern da Tuifl, söll ischt recht! Aber a saubere Dischtanz!"

Das stimmte, aber keine unmögliche Entfernung. Ich schätzte zweihundertfünfzig Meter, und in meinem Kopf begann das „Elektronengehirn" zu rasseln: Auf zweihundert Meter Fleck eingeschossen, gibt meine 7×64 bei dreihundert einen Tiefschuß von zwei Handbreiten, also bei zweihundertfünfzig eine Handbreit höher antragen... Herrschaftseiten, saudumme Rechnerei, jetzt pressiert's.

Schon lag der Mantel auf der Platte, und ich schob mich über die Kante, den Stutzen in der Faust. Noch weiter vor. Noch etwas. Jetzt mochte es gehen. Frei stand der Bock noch immer da und äugte dem Rudel nach, das äsend langsam gegen die Waldgrenze zog. Längst hatte ich angebackt, und steil nach unten suchte ich einen ruhigen Anschlag, denn jetzt durften nicht noch Zielfehler mitreden, dann war's aus, und so ein Bock, wie der da unten, begegnet einem einmal und nimmermehr! Fest lag die Faust auf einer Felsleiste und hielt den Stutzen wie angeschraubt. Der Zielstachel sog sich am Blatt fest. Vergessen war die beißende Kälte, vergessen die Ballistik. Der Luftdruck des Schusses löste Eiszapfen von den überhängenden Platten unter wir. Grollend kam das Echo. Tief drunten der Bock war hochgeschnellt, kam mit krummem

Rücken auf die Läufe, stand, schwankte, stürzte und rutschte ab, eine lange Rinne hinter sich lassend. Vor einem Block endete die letzte Reise. Rot färbte sich der Schnee vor dem Äser. Im Schall hatte ich durchgeladen und sofort wieder den Kapitalen ins Ziel gefaßt. Jetzt erst löste sich die Spannung. Tief durchatmend kroch ich zurück auf die Platte. Andres zog mich vollends herauf und haute mir befriedigt und vergnügt ins Kreuz: „Sauber! Waidmannsheil!"

Dann saßen wir da, wie das immer so ist nach einer spannungsgeladenen Endphase, wenn die Büchse das letzte Wort geredet hat. Die Erfolgszigarette zitterte mir in der Hand, und nun erst kam die ganze Kälte der letzten Stunde mit Macht über mich. Ich schepperte buchstäblich, daran mochten Frost und Freude in gleichem Maße schuld haben. Ein kräftiger Schluck aus der Flasche, und beide redeten wir zugleich und erklärten uns den Hergang, wie jeder ihn gesehen hatte. Dann Aufbruch zum Bock, und ab ins Tal.

Wir mußten zurück, denn hier war ein Abstieg bei dieser Vereisung völlig aussichtslos. Zurück bis zu dem Platz, wo die Plattenwand, in Stufen mit Rippen durchzogen, einen gangbaren Weg ins Kar bot. Dann war's soweit. Der Jäger wollte einen griffigen Riegel benutzen, um so langsam und bedächtig Stufe um Stufe zu umgehen und mit dem Hund den Fuß der Wand zu erreichen. Ich sah mir das an. Diese Methode hatte durchaus nicht meine Zustimmung. Zu langweilig! Mochte mich der Bock ziehen? War es mein Vertrauen zu den guten Bergschuhbeschlägen? Zu meiner Erfahrung als alter Edelweißsoldat? Ich beschloß, das erste Schneebrett einfach abzufahren, auf der ersten Querrippe abzubremsen, diese zu umgehen, nochmals abzufahren und dann das letzte Stück, meinem Begleiter folgend, abzusteigen. Ich wollte Zeit und Kräfte sparen.

Gedacht, getan. Ich sprang ins erste Schneefeld. Das ging durchaus schön. Der pulvrige Schnee stäubte auf unter meinen Stiefeln, der Bergstock gab mir die nötige Sicherheit im Stand, so daß die Sache ablief wie am Übungshang einer Skihaserlwiese. Die erste Querleiste war erreicht. Ich bremste ab und stand. Der Stutzen war bei der Abfahrt etwas von der Schulter gerutscht. Ich ruckte mit der Schulter, um den Gewehrriemen wieder zurückzubringen, belastete den rechten Fuß zu stark – mein Stand brach aus. Ich griff nach der Waffe, um nicht auf das Zielfernrohr zu fallen, ein Griff, den jeder Jäger getan hätte, warf mich dabei auf die Schulter, rutschte sofort in das steilere Schneebrett darunter und hatte im Nu Fahrt. Schnee stäubte auf. Kratzend versuchte ich, den scharfen Bergstiefelbeschlag als Bremse einzusetzen. Vergeblich. Unter der Schneedecke war Blankeis. Fast überschlug ich mich. Alte Bergweisheit, ungezählte Male von mir gepredigt: „Wer sich überschlägt, bricht das Genick!" Ich stieß den Stutzen ab, ließ den Bergstock fahren, machte mich ganz weich, weich und willenlos; auf dem Rücken sauste ich dem Abbruch der Wand entgegen. Nichts blieb, als sich tragen zu lassen, eine letzte Hoffnung auf jenes Promille Möglichkeit eines guten Geschickes. Ich flog durch die Luft, setzte wieder auf, flog erneut in die Luft. Die Sonne strahlte (das letzte Mal?) durch aufstäubende Schneeschleier ins Gesicht. Beim Gams, drunten im Kar, mußte ich enden. Ein harter Schlag, aus...

Als ich zu mir kam, mochte eine Weile vergangen sein. Ich lag auf dem Gesicht im Schnee, die Hände vor der Stirn. Allmählich wurde mir bewußt, was geschehen war. Jedenfalls lebte ich! Das war die erste erfreuliche Feststellung. Die zweite: ich konnte ohne Schmerzen die Beine rühren. Meine Nase? Sie steckte in einer schweißroten Schneepackung. Ich fühlte einen beißenden Schmerz und hatte die Hände voll Blut. Im Munde schien allerhand in Unordnung, und die rechte Schulter wollte nicht recht. Ich hob mich nach vorn an wie ein Seehund und besah mir die nähere Umgebung. Ich lag unter einer kleinen Wandstufe, am Auslauf einer Steinschlagrinne. Ich lugte unter meinem Arm durch: mir wurde zweierlei –, da war noch ein Stückchen Schnee, etwa fünfzehn Meter weiße Fläche, dann Luft und Bläue, und ganz drunten, da waren streichhölzergroß die Lärchen.

Langsam hob ich mich auf die Knie, kam auf die Beine und übersah nun die Lage. Etwa dreihundert Meter mochte ich gleitend und fliegend hinter mich gebracht haben, immer bedacht, mich weich tragen zu lassen. Das war mein Glück gewesen, das hat mich in einen Riß in einer kleinen Wandstufe getragen, mich dort durchgeschossen, wobei ich den Schlag auf den „Punkt“ bekam und viel an Fahrt und das Bewußtsein verloren hatte. Dann spie mich der Spalt wieder aus und gerade hinein in die Rinne, die der Steinschlag von Eis und Schnee freigeschlagen hatte. Das war die entscheidende Bremse gewesen, die mich knapp vor dem Abbruch gehalten hatte. Noch einige Meter, und ich wäre hinausgesegelt, kirchturmhoch, mit Endstation Gams und ewige Jagdgründe ...

„Ja, daß Sie Eana doch no derfangt ham!“ Dieser frohe Zuruf meines Jägers riß mich aus der Betrachtung. Er tauchte ober mir auf, und seinem Gesicht war anzusehen, daß ihm ein großer Stein vom Herzen gefallen war. Wir schüttelten uns die Hände, was bei mir wesentlich „eindrucksvoller“ verlief als bei Andres, denn die Schulter hatte doch einen gehörigen Schlag abbekommen. Das merkte ich erst jetzt, da die Spannung allmählich nachließ. Dann begann ein mühevolles Aufsteigen, wobei ich Büchse, Bergmütze und Spektiv wieder einsammelte. Und dann, nach einem gangbaren Umweg, stand ich endlich bei meinem Prachtbock, der der letzte hätte sein können.

Die Talfahrt war trotz alledem ein Fest und ein „Geburtstag“ obendrein, denn nach allen bergsteigerischen Regeln war auf mich kein roter Pfennig mehr zu setzen gewesen.

Natürlich freut es einen Jäger, wenn er eine gute Trophäe erbeuten kann, und ich bin stolz darauf, daß mein Bock der kapitalste war auf der damaligen Trophäenschau in Landeck. Mit seinen acht Jahren und 110 Punkten konnte er sich sehen lassen. Das Erlebnis aber, das er mir beschert hatte, schließlich die so unwahrscheinliche Rückkehr ins Leben und die Freude meiner Freunde, daß ich diesmal noch nicht an der Reihe gewesen war, hebt diese pechige Krucke heraus aus der Reihe der anderen.

Auf der Stirnplatte, unter den wuchtigen Schläuchen steht: „Memento mori“ (sei des Todes eingedenk).

Jagd ohne Hund ist Schund!

Im steirischen Bergrevier des Jagdherrn, der als Züchter höchstwertiger Jagdbracken einen hervorragenden Namen hat, waren wir zum Hirschriegel abgestellt. Knisternde Stille, warten und spähen. Der Schnee verschluckte den Ruf der Treiber, und das Schweigen gespannter Erwartung lag über den Schroffen, Rinnen und tief verschneiten Latschenfeldern, über denen sich da und dort eine Lärche in den kaltblauen Nachmittagshimmel reckte. Nach etwa einer Stunde tauchten die drei Treiber auf, um sich für den nächsten Riegel bereitzustellen. Da fiel ein Schuß. Als wir alle beisammen standen, um uns neu einweisen zu lassen, kam der am weitesten abgestellte Jagdgefährte an und berichtete, er habe ein Schmaltier beschossen, in dessen Fährte Schweiß liege. Damit war klar: bevor das Stück nicht zur Strecke gebracht war, ging die Jagd nicht weiter. Erneut wurde in größerem Umkreis bergwärts abgestellt, und der Jagdherr ließ sich, begleitet von seiner „Leibbracke", den Anschuß verweisen. Riemenarbeit bauchtief im Schnee ist sinnlos. Die Dachsbracke wurde geschnallt, und jeder von uns auf seinem Platz lauschte gespannt auf den ersten Beil. Endlich ließ sich der Hund vernehmen. Klar und eindeutig war aus dem Geläut zu erkennen, daß er am Stück war. Die Hatz ging bergwärts, dann verdeckt durch Latschen, Schroffen in weitem Bogen über Schründe, Kare, immer weiter, immer leiser, immer entfernter, bis nichts mehr zu vernehmen war. Wir standen alle, lauschten und froren. Die Sonne tauchte hinter die Berge, der harte Abendwind schob die Dämmerung vor sich her. Schließlich ertönte das „Huup" von einem Schützen zum anderen, der Jagdherr rief zum Sammeln. Wir stapften talwärts zur Hütte, wobei die bange Frage nach dem Hund mit dem Hinweis beruhigt wurde, „der ist der beste von meinen Hunden, er bringt das Stück zur Strecke, und dann kommt er verweisen, und wenn's durch die halbe Steiermark wäre". Die

Dachsbracke kam nicht, und mit der ersten Morgenblinke standen wir schon wieder auf unseren Ständen wie beim ersten Treiben. Da..., war das ein Hund? Ganz weit, oder schien es nur so? Leise, auf jeden Fall ein keuchendes Husten, kein Geläut mehr, eher ein Stöhnen! Es kam immer näher, es kam von weit über dieselbe Höhe zurück, hinter der am Abend die Hatz verschwand. Und dann bot sich mir ein Bild im Glas, wie ich es mein Leben lang nicht vergessen werde. Bis zum Bruststich im Schnee, mit heraushängendem Lecker schob und stampfte und torkelte das Schmaltier. Hinter ihm, zwei Wildlängen zurück, der Hund. Aus heiserem Rachen stieß er ein krächzendes Bellen und versuchte, von Schnee verkrustet, mit letzter Kraft das flüchtige, nein, das taumelnde Stück einzuholen. Ein leiser Knall erreichte mich, ein vom Schnee gedämpfter Büchsenschuß, das Schmaltier sank in den Schnee und über ihm mit einem letzten Sprung stand die Dachsbracke und keuchte mit hochgerecktem Fang den Standlaut, während oben in den Zinken das erste Sonnenlicht aufglühte. Wir standen um das gestreckte Stück. Es hatte einen Durchschuß ober den Schalen des linken Hinterlaufes. Von fünf Uhr des vergangenen Abends bis sieben Uhr morgens war der Hund nachgehängt. Es war ihm geglückt, das Stück umzudrehen, und nach vierzehn Stunden Hatz, quälender Schinderei, torkelnder Erschöpfung, sicher dann und wann von Verschnaufpausen unterbrochen, von Pausen für das verfolgte Wild wie für den verfolgenden Hund, war es ihm gelungen, das angeschweißte Schmaltier zur Strecke zu bringen.

Eine quälende Schinderei – zugegeben. Sicher ist eines: Die Jagd, wie und wo immer, sie kennt keinen berechenbaren Ablauf. Der Jäger, und sei's der erfahrenste und beste und wäre er immer in Hochform, er macht Fehler. (Wer noch keinen gemacht hat, der hat noch nie gejagt.)

Eingedenk nun dieser Möglichkeiten des Versagens, dieser Unwägbarkeiten, deren Folgen meist das Wild erleiden muß, ist es eines gewissenhaften Jägers vorrangigste Pflicht, Folgen seines Fehlverhaltens, deren quälende Auswirkungen für das Wild, nach Möglichkeit zu löschen oder wenigstens einzuschränken. Und da hilft nur ein guter Hund! Ist nun des Jägers höchstes Gebot das Erbarmen mit der Kreatur und darum seine erste Pflicht, das Wildtier ohne Qual und Elend zu erlegen, dann hat im vorliegenden Falle der Schütze wohl versagt, der Hund des Jagdherrn aber konnte unter Einsatz letzter Kraft und überlegenen Könnens in der

Schweißarbeit, den Fehler des Jagdgastes in seiner letzten Konsequenz abfangen. Und diese letzte Konsequenz? Das Schmaltier wäre in diesem Gelände, bei solch hoher Schneelage, durch Schmerz und Blutverlust geschwächt, allmählich langsamer geworden, hätte keine Äsung mehr aufzusuchen vermocht und wäre schließlich, vielleicht nach Tagen, unter einem Fichtenschirm verdämmert, verhungert, erfroren, denn nur die rundum gesunde Kreatur vermag den Bergwinter zu überstehen.

Schonung der Kreatur – ob sich's um einen geflügelten Fasan handelt, um eine weich geschossene Ente oder um ein Stück Rotwild, das ist alles dasselbe. Jede Wertung in diesem Bereich ist relativ. Uns aber, die wir immer wieder Fehler machen werden, ist auferlegt, alles einzusetzen, um deren Auswirkungen einzugrenzen. Dabei spielt unser Hund die erste, die hervorragende, oft die rettende Rolle.

Maiengedanken

Meist gestehen wir's uns selbst nur verstohlen ein, daß uns das Frühjahr in seinen glückhaften Bann schlägt. Wir sind doch gestandene Männer! – Was soll da das romantische Getue, dieses halbstarke Gehabe im Überschwang der Maienfreude, was dieses Weichwerden, bloß weil hoch vom blauen Maihimmel die Lerchen funkelnde Triller und süße, schmelzende Strophen übers duftige, blumenbesäte, junge Bauernland ausbreiten? Weil der Kuckuck im Holz sich überschlägt im Zählen und Locken, weil der erste Falter über das Meer aus Löwenzahndukaten taumelt?

Was soll dieser zärtliche Überfall von allen Seiten? Sollen wir uns etwa auch in diesen Reigen der närrischen Lebensfreude einhängen – wir Jäger? Wir, die wir Prüfer und Entscheider sind und gewichtig im Bedenken, konsequent im Entschluß und hart im letzten Wort mit Pulver und Blei?

Was soll uns der Lenz mit seinem närrischen Ruf im Blut? Wo seit den zwei gefehlten Langschnäbeln die Flinte wieder im Waffenschrank lehnt, hauchartig eingefettet, und noch lange Wochen uns von dem Tag trennen, da wir den Büchsenlauf blankwischen.

Diese im Grunde alberne Frage mißbrauche ich nur als Vorspann für ein paar Gedanken beim Gang durchs Mairevier.

Sollte ich damit den Eindruck erweckt haben, ich beabsichtige nun laut tönend vom rechten Tun gerechter Jägerei zu schreiben und mit hochgerecktem Zeigefinger auf die Hegepflicht zu deuten, so bitte ich um Entschuldigung. Es ist nicht meine Absicht. Es ist heute mal ausnahmsweise überhaupt nicht meine Absicht, denn es ist Mai. Und der Mai ist mein absichtsloser Monat –, im Mai brauche ich meine Zeit zum Staunen, zum Lauschen, zum Freuen und zum Dankbarsein. Den Gewinn dieser seligen Passivität möchte ich für keinen erstrebten Erfolg eintauschen.

In diesen Wochen werden jene Zellen meiner Batterie aufgeladen, die das Jahr über mit ihrer Stromreserve immer dann einspringen, wenn die Last des Alltags übers Normalmaß geht. Und immer mehr werden die abnormalen Forderungen zur Tagesordnung.

In diesen Wochen des Jubels über die bestandene Not der Kälte und der langen Nächte hat unser bewaffneter Spaziergang im Revier einen ganz eigenen und besonderen Sinn. Wir ziehen da auf unsrer eigenen Fährte. Die urwüchsige Freude am Besitz des Lebens weckt in uns oft verdrängte Anlagen zur freundlichen Toleranz, zur Großzügigkeit, stimmt uns versöhnlich und verständnisbereit. Wir sind mit uns selber umgänglicher und nehmen uns selbst nicht zu wichtig. Das kommt wohl vom großen Staunen, das uns auf Schritt und Tritt überkommt, das rührt wohl vom großen Glück, das uns immer wieder einmal, mitunter aus scheinbar geringem Anlaß, überfällt; das kommt wohl von der Liebe, die uns mit jedem Waldmorgen im Jubel des aufgehenden Tages greifbar und gegenwärtig wird, das kommt gewiß von der Liebe überall um uns, der wir im letzten Drosselsang nachsinnen bis in die mit Nebelschleiern aufsteigende Nacht.

Nebenbei, wenn man's so betrachtet, dann sind eigentlich gerade diese Wochen des weitoffenen Herzens ureigenste, richtige, beste Jägerzeit. Denn wir sollten immer bedenken, daß wir von einem Reviergang reden, nicht von einem Reviermarsch! Daß wir vom Waidwerk erwarten, daß es uns beschenkt – nicht, daß es sich rentiert!

Als junger Dachs, vor vielen bunten Jahren, war auch im Mai mein Gang ins Revier stetes waches Suchen nach des Jägers eigentlichem Ziel – nach dem Wild. Ein Abstecher zum Ententümpel, wo die Alte mit ihren Flaumbällchen die ersten Verbandsübungen rudert, ein Blick zum Fuchsbau nach Spuren des Nachwuchses der Familie Reineke. Vorbei am feuchten Aushub des Wassergrabens, der wie eine Neue des wildernden Hundes schwere Pfote, des Dachses kralligen Prankendruck ebenso verrät, wie das freudige Ereignis, wenn hinter dem scharfen Schalensiegel der Geiß zierlich und taumelig die ersten winzigen Eindrücke der Kitzspur folgen.

Hatte ich damals einmal die Nase tief im Beerenkraut und Farren, dann kaum, um ein Blumenköpfchen zu begrüßen oder einem bunten Käfer die Tageszeit zu bieten. Da suchte ich die hellgrünen Würstchen und die pechschwarzen Fladen, unter den bekannten, seit Jahren bevorzugten und in der Forstamtschronik vermerkten Baumveteranen, von denen die edlen Herrn aus dem Geschlecht der Tetraonen seit eh und jeh ihre wohlbemessene, verhaltene Liebeserklärung in die Morgenblinke singen.

Heut noch trag' ich meine Büchse nicht weniger locker über die Schulter. Es ist der flinke Griff nach dem Schaft und die Faust um den nußbraunen Hals der geliebten Vertrauten sicherer und knapper als damals, wenn plötzlich ohne Laut eine Krähe über die Auwiese streicht oder eine verwilderte Katze auf der Schneise eilig Entfernung zwischen mich und meinen Terrier legen will.

Nebenbei verhält mein Schritt vor einem diamantenen Tautropfen in der offenen Hand eines Lupinenblattes, zwinkert mein Auge vergnügt den Triebspitzen des Frauenschuhstockes zu, den ich einmal auf einem Truppenübungsplatz „klaute", um ihn in meinem Revier gut getarnt eine ihm zusagende Heimstatt zu geben. Schmunzelnd kann ich feststellen, wie ein Vogelnest hunderte Meter weg von der Diensthütte mit Haaren meines Terriers ausgepolstert ist. Alljährlich liefert nämlich mein guter Axel, wenn er seinen Winterpelz mit Trimmesser und Schere ausgezogen bekommt, tüchtige Ballen an molligem Material für Vogelwiegen aller Art. Diese Haare liegen immer im Frühjahr im Schutz des Hüttendaches bereit und werden restlos abgeholt.

Am Weiherrand der Frösche groteskes Getue, das schleiernde Grün der Birken am Damm im klaren Spiegel des Wassers, die ersten Buschwindröschen am Rain, Schwebfliegen stehen im Sonnenlicht zwischen den Bäumen, zucken hin und her und stehen wieder wie eingegossen in die satte, warme Maienluft. Drüben im weiten Blau segeln und rufen Bussarde vom Aufwind getragen. Alles das prägt die Eigenart dieser Revierbesuche, macht sie zum Erlebnis und läßt uns wohl mit leerem Rucksack, nie aber mit leerer Seele heimgehen.

Es ist das Vorrecht der Jugend, Erlebnisse zu erwarten und entdecken zu wollen. Es ist der reiferen Jahre Segen, daß wir dem Dasein nachspüren und Begegnungen suchen, die uns dieses strahlende, bezaubernde Leben deuten.

Je mehr wir den Blick vor unsere Stiefelspitzen senken und uns dem Kleinen zuwenden, desto weiter tut sich uns das Wunder der Zusammenhänge auf, wird uns andächtig bewußt, was es bedeutet, wenn es in der Genesis am siebenten Tage heißt „Und siehe da — es war gut".

Wir haben alle Bescheidenheit nötig! Bescheidenheit, die uns den Weg zu uns selber auftut und das Maß der Dinge staunend ahnen läßt, dem auch wir unterstellt sind, nach dem wir gemessen werden und das auch unseren Fortbestand entscheidet. Was wissen wir schon von dem hohen Maß harmonischer Gesetzmäßigkeit um uns? Was können wir schon davon viel wissen, wenn wir, ohne empört aufzuschreien, täglich hinnehmen, wie wir mit unserem dubiosen Streben nach System und Zweckmäßigkeit die Ordnung verletzen, die Ordnung in der Schöpfung, deren wir nur ein Teil — und nicht einmal der wichtigste — sind.

Meine Hybris hat mir einmal ein Kleiber abgekauft. In meinem Revier steht ein alter Wildapfelbaum. Ich kenne ihn als guten Freund, der mir den Speisezettel der Winterfütterung bereichert und obendrein in einem Loch des Stammes ein Kleibernest behütet. Der Kleiber nun, dem dieser Einschlupf zu groß ist, baut alle Jahre von neuem eine saubere Mauer vor die Öffnung mit einem genau gezirkelten, nach Kleiberkaliber bemessenen Einschlupfloch. Eines schönen Morgens hör' ich das Kleiberpaar von weitem schon zetern und schimpfen, und wie ich zum Apfelbaum komme, ist die „Lehmmauer" herausgerissen, und Kratzer am Rest der kunstvollen „Haustüre" deuten auf Katzenarbeit. Natürlich muß man da helfen, sagte ich mir, und ging zum nahen Wassergraben, holte eine handvoll Letten und baute um den Spalt im Baum fein säuberlich alles wieder so auf, wie's war. Glättete mit Wasser nach, verputzte das Schlupfloch und war sehr, sehr stolz auf meinen Kleiberverstand und mein gutes Werk. Dann setzte ich mich unweit an den Waldrand gegen eine Kiefer gelehnt, mit dem Glas vor den Augen, wollte ich nun die Anerkennung des Kleiberpaares entgegennehmen.

Sie rutschten beide am Stamm herunter, mißtrauisch und neugierig, betrachteten schließlich genau und kritisch mein Kunstwerk, und dann ging ein Geschimpfe und Räsonieren los, daß es seine Art hatte. Wenn ich kleiberisch verstanden hätte, wär das wohl so zu übersetzen gewesen: – „Ach du liebe Zeit, dieser blöde Zweibeiner. So einen Schmarrn baut der da her. Nie was von Trockenschwund gehört? Zu dumm, jetzt haben wir den Dreck. Alles wieder rausreißen und neu machen. Dieser alberne Nestglotzer, muß der überall seine Finger drin haben." So und ähnlich ließ man sich über mich aus. Dann ereignete sich folgendes: Teilweise, und zwar besonders dort, wo der Lehm an die Rinde ansetzte, rissen die beiden Spechtmeisen den Lehm heraus. Dann rückte das Hähnchen an und trommelte auf der noch weichen Vermauerung herum und setzte systematisch Schnabelstich neben Schnabelstich. Mein Kunstwerk sah in Kürze aus wie ein poröser Schwamm. Dann war fürs erste Ruhe. Am Abend konnte ich feststellen, daß man nicht mehr weiter gearbeitet hatte. Am nächsten Morgen aber waren beide Apfelbaummieter wieder fest am Schaffen. Vorsichtig pirschte ich mich an und zog mir mit dem Glas die Baustelle heran. Da war ein Hin- und Herfliegen vom Wassergraben zum Rindenspalt, mit Lehmklümpchen im Schnabel. Nun wurden die Schnabelstichlöcher von gestern fein säuberlich ausgefüllt und am Rand zwischen Rinde und Mauer gemörtelt. Wie gescheit! Da haben die beiden erst einmal den Lehmkuchen aufgelockert, um ein Trocknen von innen her zu beschleunigen und um bei Trockenschwund das Abreißen der Mauer von der Rinde her zu verhüten. Nun mörtelte man die Sache blank, verputzte sauber und plusterte sich am Ende zufrieden auf. Ich zog beschämt und bescheiden meines Weges.

Ja, so ist das mit unserer „Wirtschaftshilfe" für die „unterentwickelten" Bereiche der Natur. Was wissen wir schon vom wahren Zusammenhang der Dinge? Was wissen wir von dieser absoluten Wohlgeratenheit der Schöpfung? Wir sind, so scheint mir, wie Kinder, die eine Uhr in der Hand halten. Sie sehen die Zeiger sich drehen, und der Lehrer hat ihnen beigebracht, daß man danach die Zeit ablesen kann. Die Zeit? Das ist für sie Wecken, Schulanfang, Mittagessen und zu Bette gehen. Und vom Inwendigen der Uhr? Da wissen wir nichts. Nichts von Federspannung und Zahnradübersetzung. Nichts von Rubinlagern und der zeitteilenden Unruhe... geschweige denn vom Quarz, sie hören nur, daß da was drinnen ist – und die ganz wissensdurstigen Kinder nehmen einen Hammer, um die Uhr aufzuklopfen, mal sehen!

Und dann ist sie kaputt, die Uhr. Und dann ist sie kaputt, unsere Welt, und die Welt der Kleiber, Rehe, Falter, Käuze, Eichhörnchen, Hasen und Laufkäfer.

Das sind so Gedanken im Mairevier. Der Kuckuck hängt sich ein und ruft vom höchsten Fichtenwipfel: Kopf hoch – Kopf hoch – Kopf hoch – siebenmal. Und die Sieben ist eine heilige Zahl!

Eine Lanze für den jagenden Forstmann

Wer heute das Thema „Forstmann und Jäger“ auf den Tisch legt, an dem Vertreter unterschiedlichen Alters meiner Fakultät sitzen, der langt heißes Eisen mit blanken Händen an.

Ich will hier nicht im Alleingang eine hitzige Debatte abhandeln über den jagenden Förster, über Waldbau und Wild, über Jagd- und Forstbetrieb, über fossile Berufsvorstellungen und „moderne“ Forstbetriebstechnik, über produktionsbesessene Irrlehrer und deren Irrlehren, über „Waldparkplaner“, die in hysterisches Gezeter ausbrechen, wenn ein Rehbock ihnen ausgerechnet die drei Weißtannen in ihrem forstlichen Herbarium verschlagen hat, und dergleichen mehr. Ich will statt dessen meine Einstellung zu diesem Fragenkomplex in einer Betrachtung zusammenfassen, die am Ende meiner bestallten Tätigkeit zum Ausdruck bringen soll, wie ich meinen Auftrag als Wald-Mann sehe (ich habe absichtlich den Begriff des „aktiven“ Forstmannes vermieden, denn wer den Wald als Beruf erwählt hat, für den gibt es keinen Ruhestand, er ist immer am Lernen).

Damit möchte ich auch jenen Kollegen Schützenhilfe geben, die instinktsicher und mit Recht dem jagenden Forstmann das Wort reden, wohl wissend, daß unsere Fakultät heute bewußt und gezielt am Modell jenes Acht-Stunden-Försters bastelt, der das Wunder vollbringen soll, dem Bürger, der dem Beton-Dschungel der Stadt entronnen, irgendwo im Wald seine verkümmerte Kinderromantik wenigstens in Spuren wiederfinden möchte, den Anblick von „Bambis“, Hasen und Märchenhirschen zu bieten. Und das in den Zwischenräumen von schwerstlasttragbaren Wirtschaftswegen, Verbißschutzzäunen, im Brummen und Toben sogenannter „Erntezüge“ und beim Kreischen und Jaulen hochtouriger Entrindungsfräsen.

Dieser forstdienstbeflissene Tausendsassa ist im Kommen, wenn es den Plänen bestimmter akademischer Lehrer nachginge. Sie werden trotzdem in der Minderzahl bleiben, zumal die meisten doch aus Liebe zu ihrem Beruf Forstleute werden; aus Liebe zum Wald und damit zum Wild als des Waldes unabtrennbare Seele, damit zur Jagd und nicht zum Holz allein.

„Jede Ficht' hat ein anderes Gsicht." „Zwei gleiche Buchen, die kannst du suchen, und willst du sie finden gar, dann such' zehntausend Jahr."

In unserer Zahnradwelt ist der Wald jener Lebensbereich, der der Schöpfung noch am nächsten steht. Seine Auszehrung, seine Aushöhlung, ja sein Verderben ist das Schema. Nichts ist ihm abträglicher, nichts schadet ihm mehr, als uniformes Denken und schematisches Handeln seiner Betreuer. Nichts ist hemmender und für seine Wohlfahrt giftiger, als steriles, servile Untertanendenken ohne Verantwortungsbereitschaft, ohne den Anstoß eigener Initiative auf Grund eigener Diagnose.

Der Wald ist keine „keimfreie", grün gestrichene Zellstoffabrik unter Ausschluß aller Störfaktoren, also auch keine exklusive Pflanzengemeinschaft, gleichsam unter der Käseglocke gehätschelt, oder ein ökologisches Reservat aus der Retorte des „zweckmäßigen Meier". Wald ist der uns von der Schöpfung her am ursprünglichsten erhalten gebliebene Bereich all jener Kräfte, die in ihrem Aufeinanderprall die Spreu vom Weizen trennen, die in ihrer Konkurrenz nur dem Tüchtigen Fortbestand und Alter garantieren. Dies allerdings geschieht unsentimental unter Austilgung alles Minderen und Schwachen. Der Wald ist aber auch das Wunder einer Gemeinschaft, eines Zusammenwirkens greifbarer, realer, offensichtlich aber auch minutiöser und kaum erahnbarer Wechselkräfte, wurde Gesetzen unterworfen, die jenseits unseres Berechnungsvermögens liegen. Dort aber ist eins plus eins nicht unbedingt zwei, sondern kann durchaus auch elf sein!

Es gibt im Wald Bereiche, in denen dem Rechenschieber eines Ursachen- und Wirkungs-Mathematikers harte Grenzen gesetzt sind. Denn auch heute noch offenbart sich im Walde der Schöpfung fein verzahntes Wunderwerk am unmittelbarsten. Dieses Wunder zu respektieren, es bloß nicht zu stören, ist höchste Hingabe und

zugegebenermaßen für den Menschen unserer Gegenwart schwierigster Auftrag.

Wenn wir Waldläufer und Forstleute diese Erkenntnis zur Grundlage unserer Arbeit machen, dann ist aller Fach-Separatismus, sind alle Milchmädchenrechnungen eines primitiven Nutzen-Schaden-Denkens ad absurdum geführt.

Für all jene, die sich ohne greifbare Zahlen nicht wohl fühlen, denen die Ziffer ein gewichtigeres Argument ist als Respekt vor Tradition, Achtung vor Wert und Würde eines Standes, ich meine den Stand des Forstmannes, und vor Wissen um historische und biologische Zusammenhänge, sei folgende Rechnung präsentiert:

Eine große Kommunalforstverwaltung, deren Waldbestände aus Gründen historischer Übernutzung durch Eisenhämmer des Mittelalters und dabei auf minderertragstüchtigen Böden stockend, unbefriedigende Einnahmen erbrachten, trug sich einmal mit dem Gedanken, die Forstreviere, die Amtsbezirke, in denen bislang die Förster die Jagd ausübten, höchstbietenden Interessenten, deren es genug gab, zu verpachten.

Dem Bezirksbeamten wäre damit jede jagdliche Schutzpflicht, jede Möglichkeit der Jagdausübung genommen worden.

In der entscheidenden Sitzung des Stadtrates stellte ich nun folgende Rechnung auf: der Forstbeamte ohne Jagdausübungsrecht wird zum Acht-Stunden-Förster, das heißt, er wird mit dem ersten Waldarbeiter am Hiebsort sein, aber auch mit dem letzten sein Revier verlassen, weil das, was vorher und was nachher im Walde geschieht, für ihn völlig uninteressant geworden ist. Eine solche Einstellung zum Arbeitsplatz ist in jedem Büro, in jeder Werkstatt und an jedem Fließband schadlos vertretbar, nur nicht im Bereich des Waldschutzes, der Waldwirtschaft, also des Forstdienstes.

Der Forstbedienstete aber, der zugleich in seinem Aufsichtsbereich das Jagdausübungsrecht hat, der also jagen darf, wann und wo immer er will — und welcher echte Forstmann möchte das nicht —, dessen Verweilen im Dienstbereich wird nicht durch den Acht-Stunden-Tag bemessen, sondern durch den „Jagdkalender" mit seinen von der Wildbahn diktierten Uhrzeiten und Tageslängen. Da beginnt mancher Tag bereits um zwei Uhr nachts, zur Zeit der Hahnenbalz, oder um vier Uhr morgens, in der Rehbrunft, und dauert so lang, als das Tageslicht die Zusammenschau über Kimme und Korn oder das Ansprechen durch das Jagdglas ermöglicht. Das bedeutet, daß der Forstmann und Jäger zu bestimmten Zeitspannnen des Jagdjahres vier Stunden vor seinen Arbeitern bereits im Dienstbereich ist und noch dazu drei Stunden am Hochsitz, wenn seine Holzfäller längst nach Hause gefahren sind.

Unter der Annahme eines Kalenderjahres mit 365 Tagen und bei Abzug etwa eines Drittels für Feiertage, Urlaub, anderweitige Inanspruchnahme verbleiben 245 Tage, in denen der Forstbedienstete vor oder nach dem erledigten Tagespensum der Jagd nachgehen wird. Nimmt man nun im Durchschnitt an, und das ist nicht viel, daß dieser zusätzliche, durch die Jagd bedingte Aufenthalt im Revier durchschnittlich drei Stunden dauert, ergibt das im Kalenderjahr eine gesamte zusätzliche Anwesenheit des Bezirksbeamten im Revier von 735 Stunden. Diesen Zeitraum umgelegt auf Acht-Stunden-Tage bringt das erstaunliche Ergebnis, daß der jagende Forstbeamte seinem Dienstherrn im Kalender zusätzlich 91 Arbeitstage, also etwa ein viertel Arbeitsjahr (!) unentgeltlichen Forstschutz leistet. Denn wer als Forstmann und Jäger im Wald ist, der sieht und hört und riecht auch sonst noch alles, was mit dem Wald zusammenhängt. So hat vor Jahren in diesem Forstamt ein Förster im Hochsommer, am Sonntag um neun Uhr abends, auf seiner Kanzel gesessen, als er Brandgeruch spürte. Selbstverständlich war die Jagd vergessen, und die Sorge um den Wald hatte Vorrang. Er ging der Sache nach und entdeckte einen Brand, verursacht durch ein schlecht gelöschtes Campingfeuer, der mit Hilfe einiger Bauern gerade noch gelöscht werden konnte, ehe er in den Altholzbestand übergriff. Wäre nun statt dessen der Förster am Sonntagabend in der Wirtschaft gesessen, wer könnte ihm das übelnehmen, dann hätte das Feuer nach überschlägiger Berechnung, bevor es durch die Feuerwehr am nächsten Waldwirtschaftsweg hätte abgefangen werden können, einen unabsehbaren Schaden verursacht.

Es spricht für die nüchterne Klarköpfigkeit der Stadtväter, daß der ursprüngliche Plan der Verpachtung aller Forstreviere an private Jäger unterblieben ist. Heute noch hat dort das Forstpersonal das uneingeschränkte Sagen in jagdlichen Dingen.

Was Wild dem Wald bedeutet, wie sehr das Wildtier zur Funktion eines Waldlebens gehört, das zu erkennen ist späterer Forschung vorbehalten, einer Forschung, deren Ergebnis vom Ernst des Auftrags und nicht vom Vorteil eines angestrebten Beweises diktiert wird.

„Alle Tugenden des Menschen ohne seine Laster"

Versuch einer Danksagung

Ich rede von meinem Foxterrier „Jokel von der Ilonaburg", ein „Reußenberger" Sproß, von mir kurz nach alter Tradition „Axel" genannt. Am Rande bemerkt, und wer mich kennt, nimmt mir's ab: ich mach' hier keine Werbung für einen Zwinger, ich breche nur eine verdiente Lanze für die tapfere, treue und noble Rasse des Foxterriers aus gutem jagdlichem Stamm, und mache dabei den Versuch, meinem besten Freund einen kleinen Bruch der Hochachtung auf sein Grab zu legen.

Größe der Figur ist ein Rassemerkmal, kein Qualitätsfaktor. Sie verrät nichts von der Innenausstattung. Wer darin mit mir einig geht, der wird im Nachstehenden vieles bestätigt finden, was er weiß. Wer anderer Meinung ist, mag überblättern, was er für falsch hält.

Es gibt zwei Themen, bei denen ich passe, weil ich ein Alter erreicht habe, in dem man sich an sinnlosen Dingen nicht mehr beteiligt. Sinnlos ist es, über Kaliber- und Hundefragen heißzulaufen. Für jeden Schützen ist das Kaliber *das* Ideal, mit dem er die besten Erfolge erzielt hat. Wie kann's auch anders sein? Und daß für jeden Rüdemann *sein* Hund das Non plus ultra darstellt, das ist doch nur natürlich, und es wäre der Herr seinen Hund nicht wert, würde er nicht an erster und unbestritten vorrangiger Stelle bei ihm rangieren.

Genau so wenig, wie ich einen Jäger von einem bestimmten Kaliber überzeugen möchte, so wenig will ich ihn überreden, einen Foxterrier zum Waidgefährten zu wählen. Das schließt aber nicht aus, daß ich einmal Auszüge aus meinem Jagdtagebuch bringen will, die eine Jagdhunderasse vorstellen, die man zu Unrecht im normalen Jagdbetrieb oft nicht für voll nimmt; dabei gebe ich zu, daß diese alberne Verformung dieses an sich tapferen Kampf- und Spürhundes zum „playdog“ oder „hippyhound“, um im Nato-Deutsch zu bleiben, womöglich frisiert à la Pudel, viel zur Abwertung der Rasse beigetragen hat. Vielleicht aber kann dieser Bericht für einen jungen Jäger, der nur ein kleines Auto hat und eine kleine Wohnung, Hinweise geben, wie er trotz seiner räumlichen Beschränktheit die Treue und Freundschaft eines guten Hundes nicht zu entbehren braucht.

Bereits als junger, fürstlich Schwarzenbergscher Forstassistent, also vor etwa fünf Jahrzehnten, führte ich einen Foxterrier. In der Packtasche am Motorrad, das Behäng zum Schutz vor bissigem Fahrtwind mit einem „Kopftüchl“ festgebunden, war er mein Begleiter, wo immer ich eingeladen war, Pulver und Blei zu verschießen. Er hat mich nie enttäuscht, solange ich nicht Dinge verlangte, die zu leisten er einfach physisch nicht im Stande war, und deren gibt es wenige.

Nach dem Kriege hatte ich eine Zeit lang andere Hunde, bis ich schließlich reuevoll zu meinem geliebten und bewunderten Foxl zurückkehrte.

Eines schönen Spätsommertages war es soweit. Der Wurf, aus dem ich mir meinen Hund aussuchen durfte, war zehn Wochen alt, und ich konnte meinen nächsten „Axel“ abholen. Die Wahl fiel auf einen grantigen kleinen Rabauken, der auf dem Rasen vorm Zwinger jeder Hühnerfeder nachtollte, meinen weggeworfenen Lederhandschuh sofort verbellte und angeschleppt brachte, und einer ersten „Schweißfährte“, zehn Meter lang mit einem Stückchen rohem Rindfleisch durchs Gras gezogen, genau folgte, bis er den Brocken gefunden hatte. Das war unsere erste Begegnung, und sie war eine Liebe auf den ersten und zweiten Blick ..., und bleibt es auch mein Leben lang!

Dann ging's heimwärts. Am Nebensitz sorgte ein wasserdichter Sack für Sammlung unweigerlich zu erwartender feuchter Äußerungen. Nach fünfzig Kilometer war er immer noch trocken. An einem Feldrain durfte er dann sein Hockerl machen, soweit ihm seine Nase überhaupt Zeit dazu ließ, denn die zog ihn einfach weiter, während man's im Grätschschritt hinten einfach laufen ließ.

Dann ging's weiter, und endlich waren wir bei der Diensthütte, dem Mittelpunkt seines künftigen Königreiches. Der plätschernde Brunnen hatte es ihm angetan, durstig rannte er drauf los, das Wasser zu finden, stemmte sich am Holztrog empor, erreichte gerade die Oberkante und schleckte gierig das verspritzte Naß. Mit einem Mal hörte er auf, Wasser zu suchen. Gespannt sog das brombeerschwarze Näschen die Wittrung vom Trogrand. Dann suchte er einen Weg um höher zu kommen, stemmte sich über einen Steinbrocken hinauf, erreichte die obere Kante des ausgehöhlten Baumstammes und prüfte Millimeter über der Wasserfläche die Luft. Da begriff ich mit einem Male: ich hatte doch ein kümmerliches Rehgehörn, das Schädeldach eines Knopfspießers, zum Wässern in den Brunnentrog geworfen. Sollte es das sein, was meinen kleinen Kerl anzog? Ich dachte es kaum, da platschte es bereits und das zweimal handschuhgroße Hundchen war im kalten Wasser verschwunden wie ein Bisamratz. Ich wollte zufassen und glaubte an einen „Unfall" aus Eifer..., da kam er beim Einlauf wieder zum Vorschein, triefend und prustend, mit der Trophäe im milchzahnbewehrten Mäulchen, denn Fang konnte man beim besten Willen noch nicht sagen.

War das eine Freude! Eine Freude und ein Triumph! Ich drückte den patschnassen, schneidigen, kleinen Kerl an meine Brust und tat, als wäre seine Leistung mein Verdienst.

Warum ich diese kleine, an sich unbedeutende Episode so ausführlich erzähle? Einfach deshalb, um das Material, die angewölfte Qualität dieses Hundes zu schildern, eine Leistung, die noch völlig ohne Beeinflussung seines Herrn gezeigt wurde und die wieder einen allgemein gültigen Grundsatz bei der Wahl eines vierbeinigen Jagdbegleiters bestätigt, der da heißt: wähle nur einen Hund aus bestem Zwinger, der ein Höchstmaß an guten Anlagen – nicht etwa *garantiert* –, wohl aber vermuten läßt! Und ein anderes möchte ich hier noch erwähnen, von dem ich wünschte, daß es Allgemeingut unter den Jägern würde: wer sich einen „fertigen" Hund kauft, weil er zum Führen keine Geduld und keine Zeit und keine Nerven hat, der wird nie *alles* haben, was der Hund zu geben vermag. Und er wird sich die schönste Freude versagen: das Erlebnis des Jagdhundes und sein Wachsen an Wissen, Erfahrung,

Gehorsam und Anhänglichkeit in der Gemeinschaft „Hund und Herr“ (man beachte die Reihenfolge!). Übrigens: wer möchte seine Kinder erst nach dem Abitur kennenlernen?

Was später kam, das ist das Ergebnis einer mal ernsten, mal fröhlichen, mal ausgelassenen, mal hart arbeitenden Gemeinsamkeit. Einer hat vom anderen gelernt. Daß ich am Ende der Belehrte und Beschenkte war, steht für mich außer Zweifel. Ich bin es heute noch, da seine Zeit inzwischen nach fünfzehn Jahren Treue, Liebe, Hingabe, Tapferkeit und Noblesse abgelaufen ist.

Wassernärrisch, schußunempfindlich und bringefreudig, das sind die ersten Eigenschaften, die der kleine Kerl spielerisch unter Beweis stellte. Mit dieser Grundausstattung war bei etwas Anleitung und richtiger Aufgabenstellung alles zu erreichen.

Er schlief an meinem Bett, saß am Nebensitz bei mir im Auto, hockte im Rucksack neben mir auf der Leiter, schwamm mit mir im Weiher und pürschte an meiner Seite, bis er sich nach etwa zweihundert Gängen auf die Keulchen setzte, zu mir aufblickte und winselnd meinte, nun ging's nicht mehr. Dann nahm ich ihn unter den Arm und trug ihn so lange, bis er mir durch heftiges Strampeln anzeigte, jetzt wäre er wieder ausgeruht und möchte selber nach den interessanten Düften winden, die überall im Gras und Kraut seiner neugierigen Nase geboten wurden. Die Laufstrecken wurden immer länger, und die Selbständigkeit meines tüchtigen, kleinen Burschen wuchs mit jedem Reviertag.

Zwischendurch einmal ließen kleine Aufgaben, wie „verlorenes Herrchen suchen“ und Schleppen mit einem geschossenen Eichelhäher oder Bringen eines Bleßhuhnes nahe am Weiherufer, seine Intelligenz und seinen Leistungswillen klar erkennen.

Sein erstes „Wild“, das er würgen und beuteln durfte, war eine Krähe, die ein Kleinkaliberschuß von einem Telefonmast holte und die flatternd verendete. Da hineinbeißen in diesen Federknäuel, hineingreifen in das flatternde Leben, beuteln und nachfassen! Herrlich so eine Rauferei! Dann stand er über seiner verlöschten Beute, über und über voller Federn, spuckte mit hochgezogenen Lefzen den Flaum aus dem Fang und war um und auf voller Triumph. Diese Krähe mußte natürlich mit in den Wagen und wehe, wenn sie einer anfaßte, Herrchen ausgenommen! Ein abgrundtiefes Grollen bei flach angepreßtem Behäng belehrte jeden, daß hier Ernst gemacht wird! Dieser ersten Beute galt seine Vorliebe all die glücklichen Jahre gemeinsamen Jagens, und fehlte ich einmal eine dieser schlauen, wachsamen Revierteilhaber, was unter fünf Schuß ungefähr viermal vorkommt, und sah obendrein noch „Axel" die Gefehlte wegstreichen, dann konnte es geschehen, daß er mich lauthals ausschimpfte und mit wehmütig gierigem Blick der gesunden Beute so lange nachspähte, als er sie zu sehen imstande war, und es ist mir immer von neuem unbegreifbar, wie weit dieser an sich kleine Hund wahrnehmen und erkennen konnte.

Sein Gesellenstück leistete er sich an seinem ersten Geburtstag, den ich mir deshalb gut merke, weil er ihn mit meinem Sohn gemeinsam hat. Oder ist's umgekehrt? Ein Freund beschoß auf hundertfünfzig Gänge mit einem dieser modernen hochrasanten Nadelgeschosse einen kümmerlichen Bock, der sich ihm spät in der Dämmerung spitz präsentierte. Ich hörte den Knall vom nächsten Hochsitz und machte mich mit Axel auf die Socken, um zum Waidmannsheil zurecht zu kommen, denn daß der Schuß ins Leben ging, war mir gewiß. Ich kannte meinen Gast, der schoß mit unbeirrbarer Genauigkeit. Als ich ihn in Nähe seiner Leiter traf, winkte er ab und meinte: „Glatt gefehlt, sonst müßte er liegen. Außerdem ist mir das Böckerl auf fünfzig Gänge beim Hochsitz in hohen Fluchten vorbeigekommen, ohne ein Zeichen irgendwelcher Behinderung. Dort in der Dickung ist es verschwunden."

„Und hat nicht vorher noch verhofft?"

Als er verneinte, stellte ich die Gesundheit des beschossenen Stückes stark in Frage: „Komm, zeig mir wenigstens den Anschuß. Wenn mein Axel auch noch klein ist und jung, aber besser ein kleiner als keiner!"

Da mag nun vielleicht mancher sachkundige Leser und Rüdemann die Stirn runzeln und meinen, daß man einen Junghund mit einem Jahr ohne große Erfahrung mit kaltem Schweiß, nicht an eine frische, kranke Fährte legen dürfe. Natürlich hat dieser Einwand viel für sich, aber einmal reizte mich der Versuch, und zum andern ging es einfach darum, unter Umständen ein krankes Stück Wild gleich oder später zur Strecke zu bringen.

Im Altholz war es bereits so duster, daß im Beerkraut nichts

mehr zu erkennen war. Mit dem Taschentuch strich ich die vermeintliche Anschußstelle ab. Nichts, gar nichts! Dann holte ich meinen kleinen Kameraden, den ich zuerst abseits abgelegt hatte. Da ich nicht sicher war, ob der vermutete Anschuß stimmte, führte ich ihn am langen Riemen erst einmal im Kreis. Da blieb er mit einem Mal stehen, die Nase blasend ins Heidekraut gedrückt. Die Rute war nur noch ein verschwommener Fächer, so emsig bekundete sie Aufregung und Eifer. Dann zog er an. Schritt für Schritt, prüfend und bestätigend, folgte er der Fährte. Längst hatte ich ihn geschnallt, denn seine Suche war so bedächtig und so genau, daß wir beide langsam im Abstand folgen konnten. Nach etwa zweihundert Schritt verhielt er am Dickungsrand, hochgereckt die wirbelnde Rute, die Nase interessiert tief gesenkt. Was da in den Lupinen lag, war der Pansen und das Gescheide, säuberlich auf einem Haufen, wie ein sauber gelöster Aufbruch. Lob und Abliebeln, und an den Riemen mit dem Kommando: „Such weiter, mein Hund, voran! Voran! Such verwund't, mein Hund!"

Sehr erstaunt und zweifelnd äugte da mein Axel zu mir herauf, zog aber dann doch weiter, tauchte von der dämmerigen Kahlfläche in die nachtfinstere Dickung und verwies nach weiteren zwanzig Gängen den Bock, der verendet unter einem Fichtenschirm lag. Das Geschoß hatte ihm, tangential von vorn, die rechte Wand aufgeschärft und in der hohen Flucht über die Kulturfläche hatte er schließlich, seitlich „aufgebrochen", Pansen und Gescheide verloren. Die Freude war groß, mein Stolz noch größer. Axel, das Geburtstagskind, war der Held des Tages.

Das war der Anfang ungezählter Leistungen, und rechne ich zusammen, was er mir und Freunden an Rehwild und Hasen gefunden, an Schnepfen, Rebhühnern und Fasanen apportiert hat, dann hat er längst zigmal wettgemacht, was er mich mit dem Kaufpreis kostete. Auch das muß mal gesagt sein, vor allem dem Leser, der sich am Kaufpreis eines Hundes aus gutem Hause stört.

Er lernte unter der Flinte buschieren. Eine Ente mochte weit auf der Weiherfläche liegen, er trollte am Ufer so lange im Kreis, bis er Wind bekam, auf oft erstaunliche Entfernung. Dann gab's kein Halten, und der kleine Kerl kämpfte so lange mit Wasser und Teichkraut, bis er mit der Ente am Ufer war.

In zwei extremen Fällen, bei starken Rehböcken mit hohen Vorderlaufschüssen, hat er bewiesen, was so ein kleiner Hund in seiner kompakten Kraft mit dem ausgereiften, mörderischen Gebiß vermag. Beide Böcke hatten nach einer Hetze von zweihundert Metern verloren. Hatte mein Terrier die Drossel einmal gefaßt, dann machte er zu und ließ sich eher die Haut von schlagenden Schalen zerschrammen, als daß er aufgegeben hätte. Die Todesklammer wurde erst geöffnet, wenn sich das Stück gestreckt hatte. Ein verendetes Stück Wild interessierte ihn nicht mehr. Er wußte ja, seinen Anteil bekam er gewiß: die Drossel, die Milz, ein Stück Pansen mit „Spinat".

Hier halte ich es an der Zeit, eine wesentliche Eigenschaft des Foxterriers zu erwähnen, die, je besser der Hund veranlagt ist, um so deutlicher in Erscheinung tritt. Der Foxterrier neigt nicht zu Falschheit, er ist immer „im Dienst", zu jeder Gaudi aufgelegt und wird auch im Alter nicht griesgrämig oder faul. Wer einen Foxterrier hat, der ist Herr eines Hundes, der niemals nachgibt, wenn er kämpft oder wenn sein Herr von ihm Leistung erwartet. Er ist nicht wehleidig und vergißt Krankheit, zerschnittene Zehen oder eisige Kälte des Wassers, wenn es gilt, die Beute zur Strecke zu bringen. Das muß man wissen, damit man den Leistungswillen nicht auf Kosten der Gesundheit überspannt.

Bereits im dritten Feld bestand er die Jagdbrauchbarkeitsprüfung des BJV in Konkurrenz mit Deutsch-Drahthaar, Kurzhaar, Wachteln, Münsterländern und Teckeln. Gehorsam, Schweißarbeit, Verlorenbringen von Nutzhaarwild, Verlorenbringen von Federwild und Wasserarbeit waren die Fächer. Mochte manch einer der Prüfungsteilnehmer skeptisch auf den kleinen Kerl herunterschauen, im Laufe der Prüfung änderte er seine Meinung. Axel hatte seinen guten Tag, und ich wieder einmal Grund zum Stolzsein.

Bliebe noch zu erwähnen, was er als Erdhund im Bau leistet, denn dafür, so ist die allgemeine Meinung unter den Jägern, dafür ist er ja vorrangig geeignet und gezüchtet.

Hier kann ich keine Leistung nachweisen, weil ich es immer streng vermieden habe, Axel auf die Spur zu setzen, die in der Erde verschwindet, einfach deshalb, weil wir hier seit vielen Jahren zuerst die Räude und heute die Tollwut haben. Mir ist ein gesunder Hund, ohne Schärfenachweis am Dachs im Bau, lieber als ein toter Hund.

Heute ruht mein kleiner vierbeiniger Waidgesell und Wegbegleiter bereits ein Jahr unter einer Altbuche im Revier eines Freundes. Seine Leistungen und Heldentaten sind Legion. Natürlich, er hat auch mal nicht funktioniert. Sollen wir denn von diesem kleinen Geschöpf in seiner unkomplizierten Anständigkeit und urwüchsigen Freude am Leben mehr verlangen und erwarten als von uns selbst, den in „Verantwortung und Disziplin" erzogenen „Kronen der Schöpfung"? Na, eben! Wer nie eine Fünf in der Schule schrieb, wer nie ein Verkehrszeichen übersah, wer als untadeliger Vorzugsschüler des Lebens immer und überall nur seine Pflicht und nichts als seine Pflicht getan hat, der ist mir zum Kotzen.

Sankt Hubertus, wie oft mag *uns* unser Hund „Versager" und „Tölpel" heißen, wenn er uns unbedingt etwas verweisen möchte, was wir einfach nicht kapieren. Das tut der guten Freundschaft keinen Abbruch. „Du schieß – ich spring . . . !"

Was tauchen da für Reminiszenzen auf, nicht gerade liebe Erinnerungen. Ehe dieser Zuruf beim Militär den Feuerschutz bei den Felddienstübungen ordnete, war er längst zur Grundlage der Beziehung zwischen Herr und Hund geworden.

Wenn *wir* versagen, ist's selten im Übereifer. Unser Hund aber vermeint *immer* zu dienen, auch wenn er mal anders funktioniert, als sein Herr sich's einbildet.

Ein Foxterrier will nicht „dressiert" werden, er braucht Erziehung. Erziehung aber bedeutet nicht Weichheit aus Verstehen, sondern, wenn's sein muß, sofort Strafe, um verstanden zu werden.

Was immer er in voller Kraft zu erbringen vermochte, es steht zurück vor seiner letzten „Nachsuche". Er war alt geworden, aber nicht müde von der Arbeit, nur eben müde vom Leben. Mit dem dreizehnten Lebensjahr begann sein Gehör nachzulassen, was daran zu erkennen war, daß er auf Rufe oder Pfeifsignale verkehrt reagierte; er konnte den Schall nicht mehr orten. Dann setzte die Trübung des Sehvermögens ein. Dies alles aber überspielte er bis in die letzten Lebenstage meisterhaft mit seiner vorzüglichen, hoch empfindlichen Nase. So gingen wir beide vierzehn Tage, bevor ich ihn ins letzte Lager legte, spät nachts in unserer Münchner Straße die gewohnte Runde von Linde zu Linde, von Laterne zu Laterne. Da zog er mich plötzlich mit aller Kraft am Riemen schräg über die Straße auf einen „Jaguar" zu, der etwa vierzig Meter von uns entfernt vor einer Garageneinfahrt abgestellt war. Ich wollte ihn beschwichtigen und ihn von seinem Vorhaben abbringen. Vergeblich. Mit einer nur dem Foxterrier eigenen, überzeugenden Eigenwilligkeit zerrte er mich schließlich über die Fahrbahn. Dann nahm er dem Wagen entlang Wind und stieß endlich seine Nase an das rechte Horn der vorderen Stoßstange. Dann wandte er sich mit einem unaussprechlichen Ausdruck in seinen offenen, aber blinden Augen zu mir zurück, als wollte er sagen: „Schau mal, habe ich nicht wieder recht. So ganz unnütz bin ich halt doch noch nicht, Herrchen." Am rechten Stoßstangenhorn klebten Schweiß und ein paar Rehgrannen, der rechte Scheinwerfer war eingedrückt.

„Hier ruhen die Gebeine von einem,
der Schönheit besaß ohne Eitelkeit,
Stärke ohne Unverschämtheit,
Mut ohne Grausamkeit ...
und alle Tugenden des Menschen,
ohne seine Laster ..."
(Lord Byrons Nachruf auf seinen toten Hund)

Sankt Hubertus – mach uns ehrlich!

Weiß Gott – es ist doch etwas Schönes um so einen guten alten Brauch! „Man nehme . . .“, und so könnte ich ein Rezept beginnen, nach dem, mit größerer oder geringerer Abweichung, Hubertusfeiern abgewickelt werden. Es gibt da Elemente, die sein müssen, und solche, die sein können. Immer aber ist alles getragen von biederer Pflichterfüllung, nie fehlen darf die Legende vom heiligen Hirsch, stets ist von Einkehr, von Achtung vor der Schöpfung die Rede, und serviert wird die an sich deftige und schwer verdauliche Kost in einer Sauce von Rührung, Sentimentalität und Abkehr vom Fleische . . . , will sagen Wildbret.

Ist dieses Laienhochamt zum Ehrentag der Jägerei beendet, wird mit linker Hand am Glas ein brausendes „Hoo-Rüd-Hoo“ auf den Patron der Jägerei ausgebracht.

Das soll nun eine Betrachtung zum Hubertustag sein? Oh, gewiß –, ich will nur einmal versuchen, ohne Schmalz zu backen, weitgehend bei der Wahrheit zu bleiben. Die ist nämlich immer weniger gefragt, weil sie unbequem ist.

Wenn wir aber schon – und das wird mir kein Jäger abstreiten können – mit oft peinlicher Pünktlichkeit an der Hubertusfeier von „Einkehr“ und „in sich gehen“ reden, so schlage ich vor, gleich einmal damit zu beginnen, wohl wissend, daß der Weg, auf dem man „in sich geht“, meist mit sehr viel guten Vorsätzen gepflastert ist und sehr oft zu nichts führt.

Also nachdenkliche Einkehr, wie's der Brauch ist. Das ist auch zugleich die Wendemarke jener heutzutage geübten, farblosen, asthenischen und rachitischen Meinungsbildung über die Jagd und den Jäger, an deren Kolportage wir selbst, wir *Jäger*, vorrangig beteiligt sind, und sei's nur durch Duldung. Wer schweigt, scheint zuzustimmen.

Hubertus, ehe ihm der Heilandshirsch entgegentrat und der

Gekreuzigte stellvertretend für seine geschundene und vom Menschen mißbrauchte Kreatur, den Fürstbischof aufs Knie stürzen ließ, war zu der Zeit noch kein Heiliger, sondern ein blutvoller, besessener Mann ohne Ruhe und inneren Frieden, aber mit dem Kettenhemd unter dem Habit und mit einem Schwertgurt an Stelle des hanfenen Büßerstrickes. So war das wohl damals vor 1200 Jahren. Und nun sollte der kernige, herrische Kirchenfürst — so wie dies mancher Festredner darzustellen beliebt — mit einem Schlag ein weinerlicher Introvertierter geworden sein? Ein erschrokkener Zerknirschter, der hinfort nur an seiner Vergangenheitsbewältigung bastelte und von da an das Jagen an den Hut steckte?

So war das nicht, so kann es nicht gewesen sein! Ein Mann erkennt, prüft, kehrt um, aber er verliert nicht sein Gesicht! Im Anblick des Wunders zwischen den Zehnerstangen brach mit einem Schlag die Erkenntnis über ihn herein, die seine Beziehung zum Wildtier in Maß und Ordnung setzte. Liebe Jäger, ich weiß, daß ihr mir recht gebt, zumal jene, die gewohnt sind, in der Neuen ihres weißen Schopfes Fährten, Spuren und Geläufe so mancher Erlebnisse, Erfahrungen, Begegnungen und Enttäuschungen zu lesen.

Ich entsinne mich einer netten Karikatur in einer unserer Jagdzeitschriften. Es ist schon lange her, ein Jäger war abgebildet, der kniete mit gefalteten Händen im Schnee vor einem Hasen, vor einem einfachen, anspruchslosen Krummen, dem ein Kruzifix zwischen den Löffeln stand. Ob der Zeichner die ganze Tiefe des Sinnes dieser anspruchslosen Darstellung selbst begriffen hatte? Ich finde, daß man knapper und eindringlicher das Anliegen der Hubertuslegende gar nicht darstellen kann.

Hubertus wurde aufgerufen zum Schutz des freien, unverbildeten Geschöpfes als echter fürstlicher Herr nach dem Wort der Genesis: Und Gott sprach zu den Menschen: „Seid fruchtbar und mehret euch und füllet die Erde und machet sie euch untertan und herrschet über die Fische im Meer und über die Vögel unter dem Himmel und über das Vieh und über alles Getier, das auf Erden kriecht.“

Machet sie euch untertan und herrschet! So ist es überliefert, und das will besagen, daß der Mensch nicht als Horizontschleicher am

Rande der Humanitas mit schlechtem Gewissen belastet hier einen Rehschlegel und dort einen Fasan ergaunern soll, quasi als Wilderer in Gottes weitem Garten, sondern daß er als Herr schützt und entscheidet, hütet und hegt, fördert und beschränkt; als Knecht des Allmächtigen und als dessen Treuhänder ohne Sentimentalität, aber in Ehrfurcht vor dem Wunder des Lebens scheidet und wenn nötig entscheidet, und wenn unumgänglich, dann *hart* mit der Waffe in der Hand! Herr sein, heißt also nicht Despot sein, sondern erster Diener seiner Herrschaft. *Das* ist der Wahrheitsgehalt in der Legende vom Heilandshirsch, und die gefalteten Hände von St. Hubertus sind nicht flehende Hände, zerknirscht bittend um Verzeihung, sondern in Demut dankend für die Gnade der Einsicht!

So war das mit unserem Schutzpatron, so ist das mit uns Jägern. Er hat, dessen bin ich gewiß, keineswegs die Armbrust an den nächsten Baum geschlagen, hat Köcher und Saufeder verbrannt und das Hifthorn überm Kamin von Spinnweben einschleiern lassen. Sicher nicht. Er ist seiner Freude folgend und nun auch dem Auftrag, weiter in seinen Wald gezogen, hat gejagt, getötet, aber nun nicht als blind tobender Schütze auf lebendige Ziele, sondern als klarsichtiger, gütiger, verantwortungsbewußter Ordner. Heger sagen wir dazu heute.

Nun aber, da all das klargestellt ist und wir wissen, was uns die rechte Deutung des Hubertustages zu geben hat, ein Vergleich mit dem Bild, das die Jägerei in unserem Lande einem nachdenklichen Betrachter alter Schule bietet.

Das erste Symptom der „weichen Welle" in der Jägerei registrierte ich als Prüfer bei der Jägerprüfung, als auf meine Routinefrage: „Sagen Sie, warum wollen Sie eigentlich Jäger werden", die Antwort kam: „Ach, wissen Sie, eigentlich will ich ja gar nicht schießen und erlegen, es geht mir auch nicht um Beute und Strecke, ich möchte vielmehr das Wild nur beobachten, hegen und füttern ..." Am liebsten würde ich so einen traurigen Tropf vom Fleck weg heimschicken, und das entweder wegen seiner Verlogenheit oder wegen seiner sterilen, blutleeren Einstellung zur Jagd. Leider darf ich's nicht, und dürfte ich es, ich täte ihm wohl auch unrecht, denn bedenken Sie bitte, wie kommt denn so ein „Jagddienstverweigerer" überhaupt zu solch einer halbseidenen Erklärung? Entweder er heuchelt da Motive, von denen er annimmt, daß sie uns, den Alten, den Prüfern, erstrebenswert scheinen. Oder er ist auf Grund alberner Schulung und verlogener Beispiele tatsächlich der Ansicht, wir Jäger seien nichts anderes als eine Art bewaffneter Wildseuchenpolizei und eine vom Hinterkopf geprägte und eher wehleidige als instinktsichere, glückliche Zunft.

Vergleicht man nun diesen Lieschen-Müller-Standpunkt, der den Jäger als eine Art St. Franziskus im grünen Tarnanzug sehen möchte, mit der Darstellung durch die Massenmedien, die mit Vorzug und hämischer Tendenz, mangels eines echten Leitbildes, den Jäger verteufeln, so müssen wir ehrlich sein und zugeben, daß an solcher Abwertung wir selbst einen erheblichen Anteil haben. Wieso? Einfach dadurch, daß wir mehr und mehr befangen und verschämt uns scheuen, unsere Freude am Pirschen und Passen, am Schießen und Treffen, am Einsatz und am Obsiegen über Schwierigkeiten zuzugeben. Manche würden am liebsten mit gestopften Hörnern das Treiben anblasen und den Hornstoß „der Fuchs ist tot, der Fuchs ist tot, er hat den roten Balg voll Schrot..." in Moll setzen. So sind wir auf dem besten Wege, einen kastrierten Kater als Wappentier einer perversen Tierverliebtheit gelten zu lassen und den Schuß beim Schnepfenstrich als Einbruch in die Intimsphäre des Vogels mit dem langen Gesicht abzuschaffen — was inzwischen aus noch dümmeren Gründen bereits geschehen ist.

Nun aber hat diese verdächtige sanfte Tour eine Kehrseite der Medaille, und die erschreckt. Es ist noch nicht so lange her, da wurde der Begriff des „Dollarhirsches" geprägt, und ein hochvermögender Mitbürger gibt nicht etwa für Wildtierforschung eine Spende aus, sondern für den Abschuß gekaufter Hirsche 10000 Dollar.

Das Reviersystem versucht man, wenn auch vergeblich, in Frage zu stellen und sieht im Revier, dem Pflicht- und Rechtgebiet eines Mannes, eine Sünde gegen die „egalité", gegen die Einebnungsbestrebungen der Gesellschaft in eine amorphe Masse. Daß damit nur die vermeintlichen Vorrechte, nicht aber die drückenden Vorpflichten angefeindet werden, versteht sich am Rande, denn die Schamanen der Meinungsbildung sind und wollen auch nicht von exaktem Wissen und journalistischer Redlichkeit belastet sein.

Nun sind wir wieder bei Hubertus, dessen Jünger zu sein, wir vorgeben. Es scheint in der Natur des biblischen Vorbildes von Jüngern zu sein, daß sie schlafen, während der Herr wacht, ja, daß sie ihn sogar verleugnen, um selbst nicht aufzufallen!

Wir sind heute mehr denn je aufgerufen, genau und nur das zu sein, was wir in unserer Freude am Jagen wirklich sind und wie man uns auch bei unseren Mitbürgern einschätzen möchte. Bei dem „Männermangel" unserer Tage spielen die Wahrhaftigkeit des „So-Seins", die ungeschminkte Redlichkeit der Selbstdarstellung und der ungebrochene Wille, sich selbst zu behaupten, eine entscheidende Rolle. Wir Jäger sind heute nicht allein aufgerufen, mit traditionellen Mitteln, mit Futtersack, Leckstein, Büchse und Falle jagend zu hegen, sondern kompromißlos, wachsam, mit kritischer Beobachtung und Zivilcourage immer wieder anzutreten, um unsere angestammten und verdienten Rechte, unsere jägerische Existenz schlechthin zu behaupten und durchzusetzen und das auch mit den Mitteln unserer Kontrahenten, mit den Mitteln der Massenmedien, also der Tagespresse, des Rundfunks und Fernsehens. Dabei geht es wahrhaftig nicht nur um uns Jäger und unseren Fortbestand allein, sondern gleichzeitig und folgerichtig um die Wohlfahrt der Wildbahn und um das Leben ihrer Wildtiere, denn — so widersprüchlich es sich anhört — in Wahrheit gibt es ohne Jäger kein Wild!

Epilog

Wer *nur* die Stille seines Reviers schätzt und allem Getriebe unseres Lebens intolerante Absage erteilt – der lebt im *Vorgestern* einer unwirklichen Zeit, einer lebensfremden Romantik.

Wer *nur* die Welt der Maschine, den Stachel der Leistung, den Rausch zielstrebiger Betriebsamkeit bejaht, dem die Zahl alles, ein dürrer Schilfkolben im Waldweiher *nichts* bedeutet, der lebt in einer unmenschlichen Zeit, einer lebenstötenden, verlogenen Realistik.

Wir leben *heute* und müssen uns darüber klar sein, daß zu unserem Leben *beides* gehört, der stille Weiher, die Ruhe der freien Wildbahn, der Bussardruf hoch über ruhendem Bauernland *und* der harte Rhythmus rasender Maschinen, rauchender Schlote und auch die Sirene des Schichtwechsels.

Eines nur ist nötig, wir müssen *Mensch* bleiben, wach, aufgeschlossen, unserer Zeit *nah* und dem *Lebendigen* verbunden, der Erde, deren Kinder wir sind.

Herakles, so erzählt die griechische Sage, rang mit Antaios, dem Sohn der Erde, und konnte ihn nicht bezwingen. Da merkte er, daß sein Gegner, jedesmal wenn er den Boden berührte, wenn er Kontakt mit seiner Mutter bekam, neue Kräfte gewann.

So konnte er dem Helden Herakles unbezwungen widerstehen bis dieser ihn von der Erde hochriß und, getrennt von der mütterlichen Kraftquelle, erwürgte.

Es ist an uns, unermüdlich dafür Sorge zu tragen, daß wir nicht den Boden unserer grünen Erde unter den Füßen verlieren und an der tödlichen Atmosphäre einer *allein* auf Gewinn und realen Nutzen abgestellten Lebensform ersticken.